化学工业出版社"十四五"普通高等教育规划教材

大学体育与健康

秦 伟 宫 琳 主编

下 册

第二版

DAXUE
TIYU YU
JIANKANG

化学工业出版社

·北京·

内容简介

《大学体育与健康 下册》（第二版）介绍了传统运动——排球运动、羽毛球运动、足球运动、篮球运动，和符合现社会发展、普及性较好、关注度高的运动——体适能、定向运动、排舞运动、健美操运动。本书的编写以满足当代大学生的体育运动需求为度，致力于培养学生的竞争精神、规则意识、团队精神、责任担当、公平观念。

本书通俗易懂，适用于高等院校师生教学使用，对于体育爱好者也有指导作用。

图书在版编目（CIP）数据

大学体育与健康. 下册 / 秦伟，宫琳主编. —2版. —北京：化学工业出版社，2022.8（2023.8重印）

化学工业出版社"十四五"普通高等教育规划教材

ISBN 978-7-122-41774-9

Ⅰ.①大… Ⅱ.①秦… ②宫… Ⅲ.①体育－高等学校－教材 ②健康教育－高等学校－教材 Ⅳ.①G807.4 ②G647.9

中国版本图书馆CIP数据核字（2022）第112297号

责任编辑：刘丽菲
责任校对：边　涛　　　　　　　　装帧设计：张　辉

出版发行：化学工业出版社（北京市东城区青年湖南街13号　邮政编码100011）
印　　装：大厂聚鑫印刷有限责任公司
787mm×1092mm　1/16　印张7　字数141千字　2023年8月北京第2版第2次印刷

购书咨询：010-64518888　　　　　　售后服务：010-64518899
网　　址：http://www.cip.com.cn

凡购买本书，如有缺损质量问题，本社销售中心负责调换。

定　　价：29.60元　　　　　　　　　　　　　　　　　　版权所有　违者必究

《大学体育与健康.下册》(第二版)

编写人员名单

主　　编　秦　伟　宫　琳

副主编　宿　元　刘正琦　黄文健

编写人员　秦　伟　宫　琳　宿　元
　　　　　　刘正琦　黄文健　李颖建
　　　　　　王殿国

  为贯彻习近平新时代下高校体育教育思想，进一步强化高校体育课程建设，使教材在实现知识传授、能力培养、价值引领上有机发挥作用，作者团队对教材进行了再版。教材编写上以提升体育审美、突出家国情怀为基础，在体育运动技术与规则的介绍中，以竞争精神、规则意识、团队精神、责任担当、公平观念等方面为切入点，融入思政教育元素。按照本科教学计划规定的教学目标、课程设计与课程要求，参照兄弟院校的做法，结合本校的实际情况，制订了公共体育课的教学计划，编写了体育课教材。

  教材内容以体育与健康的基本理论知识为主导，分别阐述了运动的科学基础、体育与保健的关系，以及各传统运动，如田径、乒乓球、排球、羽毛球、足球、篮球、武术等项目的技术特点和学习方法；同时对符合现代社会发展，普及性较好、关注度高的运动，如体适能、排舞、健美操、太极拳、极限飞盘、定向运动等项目加以补充，并阐述了健康标准与测评的方法，分上下两册进行介绍，以满足当代大学生的体育运动需求，开拓视野，不断进取。

  本书由秦伟、宫琳、宿元、刘正琦、黄文健、李颖建、王殿国等七位老师共同完成编写。

  由于编写经验不足，加上时间紧、人力有限，不当之处在所难免，恳请专家、同行指正。我们将认真总结经验，与时俱进，开拓创新，不断进取，完善教材，使之成为体育教学的可靠依据，为切实提高本科体育教学质量奠定坚实的基础。

编者
2022 年 5 月

目 录

第一章 体适能 1

第一节 体适能概述 1
  一、体适能释义及分类 1
  二、心肺功能及其运动类型 2
  三、抗阻力量训练 2
  四、柔韧性的介绍 2
第二节 核心训练 3
  一、核心训练分类 3
  二、核心训练动作 4
第三节 泡沫轴滚动和拉伸 5
  一、泡沫轴滚动 5
  二、拉伸 5

第二章 排球运动 7

第一节 排球运动概述 7
  一、排球运动的特点 7
  二、排球运动的锻炼价值 7
  三、排球练习中运动损伤的预防 8
  四、世界排球大赛简介 8
第二节 排球运动基本技术 8
  一、排球技术的概念 8
  二、排球技术的特点 9

第三节　排球基本战术 13
　　一、阵容配备 13
　　二、进攻战术 14
　　三、防守战术 16

第三章　羽毛球运动　　19

第一节　握拍方法 19
第二节　指法 21
第三节　发球 21
第四节　接发球 25
第五节　击球 26
第六节　步法 36

第四章　足球运动　　42

第一节　足球运动基本技术 42
　　一、踢球技术与练习 42
　　二、停球技术与练习 45
　　三、顶球技术与练习 47
　　四、运球技术与练习 49
　　五、抢截球 49
　　六、掷界外球 50
　　七、守门员技术 50
第二节　足球运动基本战术 52
　　一、足球进攻战术 52
　　二、足球防守战术 55
　　三、几种常用足球比赛阵型简介 56

第五章　篮球运动　　59

第一节　篮球基本技术 59
　　一、移动 59
　　二、传接球 60
　　三、投篮 61

四、运球 64
　　五、持球突破 65
　　六、防守对手 66
　　七、抢球、打球、断球 68
　　八、抢篮板球 69
　第二节　篮球运动的基本战术 69
　　一、基本攻守战术 70
　　二、快攻与防守快攻 70
　　三、整体攻守战术 71

第六章　定向运动　　73

　第一节　定向运动的定义、类型与形式 73
　　一、定义 73
　　二、类型 74
　　三、定向运动的形式 74
　第二节　定向运动的性质和特征 77
　　一、定向运动的性质 77
　　二、定向运动的特征 79
　第三节　定向地图 80
　第四节　定向运动技术 81
　　一、定向运动技术概述 81
　　二、定向运动技术体系 81

第七章　排舞运动　　84

　第一节　排舞运动概述 84
　　一、排舞运动的起源 84
　　二、国际排舞运动的全面发展 85
　　三、中国排舞运动的兴起与发展 85
　第二节　排舞运动的分类和特点 86
　　一、按照舞步组合结构分类 86
　　二、按照舞步组合变化的方向分类 86
　　三、按照音乐和舞蹈的风格分类 87

四、排舞运动的特点 88

第八章　健美操运动　　90

第一节　健美操运动概述 90
　　一、健美操运动的概念 90
　　二、健美操运动的分类 90
第二节　健美操运动的特点与功能 92
　　一、健美操运动的特点 92
　　二、健美操运动的功能 92
第三节　健美操运动的基本动作 94
　　一、基本步伐 94
　　二、常用上肢动作 99
第四节　健美操基本技术 101
　　一、弹动技术 101
　　二、身体控制技术 101
　　三、半蹲技术 101
　　四、落地技术 101
第五节　健美操运动编排的基本方法 102
　　一、基本动作的节拍 102
　　二、组合动作（32 拍）的组合方式 102
　　三、编排的变化因素 102

参考文献　　104

第一章

体 适 能

第一节 体适能概述

近年来,"体适能""体能"一词频繁出现在人们的视野里。体适能(体能)训练对普通人群来说,主要以增进健康和提高基本运动能力为目的;对运动员来说,体适能(体能)训练则是其运动训练的重要组成部分,是结合专项需要并通过合理负荷进行动作练习,改善运动员的身体形态,提高机体能力,发展运动素质,促进竞技水平提高的训练过程。

一、体适能释义及分类

1. 体适能释义

适能是个人运作的能力,包括5个部分:体适能、情绪适能、社会适能、精神适能和文化适能。

体适能(体能)是指人体的基本活动能力,是人体各器官系统的功能在运动中的综合反映。体适能的构成要素有:①心肺适能——心脏输送血液与肺部吸入氧气的能力;②肌肉适能——肌肉的力量与耐力;③柔软度——无痛且自如活动关节的能力;④身体组成——脂肪占身体重量的百分比。

2. 体适能分类

美国运动医学学会认为:体适能包括"健康体适能"和"竞技体适能"。

(1) 健康体适能

① 身体成分:即人体内各种组成成分的百分比。

② 肌力和肌肉耐力:肌力是肌肉所能产生的最大力量,肌耐力是肌肉持续收缩的能力。

③ 心肺耐力:又称有氧耐力,是机体持久工作的基础,被认为是健康体适能中最重要的要素。

④ 柔韧素质:是指在无疼痛的情况下,关节所能活动的最大范围。它对于保持人体运动

能力、防止运动损伤有重要意义。

（2）**竞技体适能** 包括灵敏、平衡、协调、速度、爆发力和反应时间，这些要素是从事各种运动的基础。

二、心肺功能及其运动类型

心肺功能的锻炼是体适能教学内容的重要组成部分。什么是心肺功能？心肺功能是人体心脏输送血液及肺部吸入氧气的能力，而两者的能力又直接影响全身器官及肌肉的活动，故此十分重要。

如何锻炼心肺功能？心肺功能差的人的改善方法为进行有氧运动，即保证运动时心率为最大心率的50%～85%，并且保证持续运动20～60分钟。我们日常所采用的运动形式从对心肺功能的锻炼价值方面分，大体有三类。

第一类运动是有一定运动量，对心肺功能的促进最为有效的运动，如骑车、游泳、爬楼梯、慢跑、快速走路、爬山等。每周从事这类运动3～4次，每次30分钟，即可得到很好的效果。

第二类运动虽然不激烈，但仍然是可以选择的运动，每周3～4次，每次30分钟以上，对心肺功能还是有促进的作用。比如中速快走、网球、篮球等。

第三类运动是不太激烈或是不连续性的运动，虽然对心肺功能的促进有限，但仍能改善肌肉张力，减少精神紧张，消耗多余的热量。

三、抗阻力量训练

什么是肌力？肌力指力量在一次收缩过程中产生最大收缩力量对抗阻力的能力（即肌肉的最大力量）。

什么是肌耐力？肌耐力是指肌肉在一段时间内保持发挥出最大力量的能力，如保持的时间长短或重复的次数多少。肌肉耐力可以反映肌肉的做功能力。同一关节肌肉的不平衡也是导致关节疼痛的主要原因，另外肌力、肌耐力过差还是导致运动损伤的主要原因。

一般不建议进行肌力的测量，因为危险比较大，且对于无训练经验者较难测量。肌耐力的测量一般采用俯卧撑、仰卧卷腹。男生两个项目的评分标准均为30次为优，25次为较好，20次为一般，少于20次为差。女生的仰卧卷腹标准也为该标准，而女生俯卧撑评分标准为25个为优，20个为较好，15个为一般，少于15个为差。

改善肌力的方法为采用大重量的力量训练。肌耐力则采用小重量的力量训练。增加肌肉体积的训练方法则为中等重量。

四、柔韧性的介绍

什么是柔韧性？柔韧性是指人体关节活动幅度以及关节韧带、肌腱、肌肉、皮肤和其他组织的弹性和伸展能力，即关节和关节系统的活动范围。

柔韧性可以分为主动柔韧性和被动柔韧性。主动柔韧性是指肌肉可以使关节活动的范围，被动柔韧性则是关节活动的最大范围。一般来说，成年女性和儿童的被动柔韧比较强，但相应的肌肉发展不足，所以通常在主动柔韧方面不及成年男性。但是无论如何，主动柔韧不可能超出被动柔韧的活动范围。我们下面提到柔韧性一般是指被动柔韧性。

影响柔韧性即关节活动范围的因素有：关节骨结构，关节周围组织的体积，韧带、肌腱、肌肉和皮肤的伸展性。其中，最后一项对提高柔韧性关系最大。柔韧性不仅决定于结构的改变，也决定于神经对骨骼肌的调节，特别是拮抗肌放松、紧张的协调。协调性改善可以保证动作幅度加大。提高柔韧性可采用拉长肌肉、肌腱及韧带等方法，有爆发式（急剧的拉长）和渐进式两种。

改善柔韧性的方法为拉伸，也称伸展运动，按照拉伸的方式不同分为以下几种：

① 静态伸展，缓慢伸展至动作末端并保持 10～30 秒（该方法安全有效）。

② 弹振式伸展，主动肌参与并在动作末端进行弹振活动（容易受伤）。

③ 动态拉伸，与专项运动相关的柔韧性如武术及足球的正踢腿、侧踢腿等（容易受伤）。

④ 本体感受神经肌肉性促进法（PNF 拉伸），教师先帮学生拉伸 15 秒，后请同学和教师对抗 6 秒，接着拉伸 10 秒，再对抗 6 秒，再拉伸 10 秒，可以看到伸展的幅度越来越大（原因是伸展时肌肉会有自我保护作用并收缩，让肌肉主动收缩后会有一放松阶段）。适合人群是柔韧性差的学生，一般用于康复，如果学生本身柔韧性很好，容易拉伤关节周围韧带。

按照拉伸过程中需不需要辅助分为：主动拉伸和被动拉伸。被动拉伸能够让人在较为舒适的身体姿势下进行，从而保证拉伸的质量。

第二节 核心训练

任何锻炼腹部、髋部甚至肩胛胸壁稳定肌的训练都可以被看作核心训练。其实，最好的核心训练是由膝关节或髋关节主导的单侧练习。"核心"这个词含义广泛，指人体的中央部分以脊柱为主的大部分肌肉，核心肌群包括腹直肌、腹横肌、多裂肌、腹内外斜肌、腰方肌、竖脊肌等以及在某种程度上可以算作核心肌群的跨越髋关节的臀肌、腘绳肌、髋部旋转肌群，这些肌肉是连接上肢力量和下肢力量的重要枢纽。

一、核心训练分类

核心训练有三种类型：

① 抗伸展是前侧核心肌肉的主要功能。

② 抗旋转是核心训练的关键。抗旋转力量是通过抗伸展进阶、对角线模式和旋转力来培

养的。

③ 抗侧屈将腰方肌和腹内外斜肌作为骨盆和髋部的稳定肌来训练,而不是作为躯干的侧向屈肌。

二、核心训练动作

1. 抗伸展练习

发展核心前侧能力以阻止腰椎伸展和伴随的骨盆前倾,这是核心训练中关键的部分,并且是核心训练的起点。

(1) 正面平板支撑

① 开始时用肘部和前臂支撑。先从15秒的静态保持开始,完成15秒的一次呼气。这将真正激活深层腹部肌肉。

② 平板支撑不是一个俯卧蜷缩等长收缩训练,骨盆应当是在中立、正常的位置。不要过于用力收缩腹直肌而使骨盆后倾。

③ 收紧全身。用前臂下压地面,收紧臀肌、股四头肌和深层腹肌。

(2) 躯干抬高的正面平板支撑 如果运动者不能保持良好的正面平板支撑姿势,可以倾斜身体来减少相对重量。试着用肘部和前臂支撑在一张标准的训练板凳上来练习平板支撑。

(3) 俯卧推球 俯卧推球实际上只是短杠杆(跪姿)平板支撑,通过滚球来加长和缩短力臂。将球视为一个大的健腹轮,练习者的力量越弱,开始时使用的球就应该越大。球的规格以厘米为单位,直径65厘米和75厘米的球适合初学者。每个人都应从俯卧推球和平板支撑开始进行抗伸展能力的进阶练习,这非常关键。即便拥有强大腹肌的练习者也应该在前三周里每周进行两次俯卧推球。从健腹轮开始练可能会增加拉伤腹肌或背部受伤的风险。

① 开始时采用双膝跪地的姿势,收紧臀肌和腹肌,双手放在球上。

② 在向前滚球时呼气,球从双手下移动到手肘下的位置。保持双膝跪地姿势,从头到膝都要收紧。

③ 收紧臀肌,这样可以保持髋关节的伸展,并通过呼气来收紧核心,保持脊柱稳定,关键是核心不要变成伸展姿势。

(4) 身体拉锯 身体拉锯和俯卧推球有些相似,因为它是平板支撑配合力臂的拉长和缩短。在身体拉锯中,练习者以平板支撑的姿势开始,双脚放在一块滑板上或放在两个滑垫上。双脚不要向下压滑板,而要像拉锯那样,肩前后来回移动。肩部屈曲时,力臂被拉长,前侧核心压力增大。

2. 抗旋转练习

伸手式平板支撑是从抗伸展的正面平板支撑过渡到抗旋转练习的最简单进阶版本。伸手式平板支撑要求运动员把手伸向其前面的一个物体。我们一般使用推桶,放在大约30厘米远的位置。练习者还是先用前臂和肘部来支撑。伸手式平板支撑的关键是要保持核心的稳定。练习者必须在伸出手时继续保持规范的平板支撑姿势。练习者从四点支撑过渡到三点支撑时，身体应该继续保持平板姿势。三点支撑姿势产生跨越核心的斜向阻力，核心必须发力与之对抗才能防止躯干移动。

3. 平板侧撑

平板侧撑是正面平板支撑的侧向版本，是抗侧屈的最佳练习动作。

① 先用肘部支撑，肩胛骨向下向后拉。先从 15 秒的静态保持开始，完成 15 秒的一次呼气，这将激活深层腹部肌肉。

② 规范的平板侧撑身体要保持笔直。

③ 绷紧全身。收紧臀肌、股四头肌和深层腹肌。

第三节　泡沫轴滚动和拉伸

一、泡沫轴滚动

泡沫轴是圆柱体，用某种类型的硬质微孔泡沫挤压制成。类似泳池浮条，但密度更高一点，直径也更大。泡沫轴滚动对长肌肉群（如小腿三头肌和股四头肌）可以进行持久、渗透更深的按摩，并对阔筋膜张肌和臀中肌等区域给予更柔和、更直接的力量。

在拉伸前使用泡沫轴可以使组织的柔韧性和延展性更好。关键是要找到痛点，并在这些区域上滚动，以减少组织密度，降低过度激活。锻炼后进行泡沫轴滚动有助于组织的恢复。泡沫轴滚动可以每天进行。

二、拉伸

作为运动前的热身，静态拉伸对于长期伤病预防仍然是必要的。缺乏柔韧性似乎是许多缓发性伤病的致病因素，使运动爱好者备受折磨。运动者的热身要以主动热身练习和静态拉伸相结合，在泡沫轴滚动之后进行。做静态拉伸是为了在肌肉被拉长时提高柔韧性。随后进行动态热身，让肌肉为训练做好准备。我们应做好长期的损伤预防，也需要针对短期伤病预防来考虑动态热身，两者都很重要！

1. 静态拉伸原则

姿势务必要准确。拉伸所有区域，不要只关注其中一个区域。

2. 静态拉伸技术和技巧

拉伸要配合呼吸。呼吸非常重要。运动者运动时紧张往往会在拉伸时屏住呼吸，很可能使自己更紧张。运动者应通过鼻子吸气，并通过嘴呼气。争取做到吸气和呼气的时间比例为

1∶2。

3. 静态拉伸动作

（1）左（右）侧胸部拉伸　要点：左（右）腿弓步在前，右（左）手叉腰，左（右）肩略微耸起，左（右）侧小臂和手掌贴紧墙面，大臂平行于地面，上身前移且向右（左），感受左（右）侧胸部的牵拉感。呼吸全程保持均匀。

常见错误：含胸导致牵拉感不明显，可以通过后缩肩胛骨，手肘与肩同高贴墙身体前倾的方法，拉伸胸小肌、胸大肌来解决此类问题。

（2）左（右）臂后侧拉伸　身体站直，挺胸，左（右）臂上举至耳边，肘关节最大幅度折叠，右（左）臂扶在左（右）侧肘关节上，向右（左）后方拉，自然呼吸。此动作全身放松，左（右）大臂后侧有牵拉感。

（3）大腿内侧动态拉伸　双脚打开约两倍肩宽，脚尖朝向斜前方，重心放在一侧腿上下蹲，另一侧腿伸直；背部挺直，将伸直的大腿内侧朝向地面，俯身，双手触地后做另一侧；双脚脚跟不要离地，全程保持均匀，此动作大腿内侧有牵拉感。

4. 左（右）侧大腿前侧拉伸

自然站立，勾起左（右）脚，左（右）手握住左（右）脚脚踝，收紧腹部，左（右）手发力向上拉，髋部前顶，直至左（右）侧大腿前侧有明显牵拉感，保持住呼吸。在保持阶段，均匀呼吸，不要憋气。此动作左（右）侧大腿前侧有明显牵拉感。

5. 支撑小腿后侧拉伸

身体与墙保持一定距离，脚跟着地尽可能贴地，挺直背部，打开肩胛骨，用手支撑于墙面，自然呼吸。此动作小腿后侧有明显牵拉感。

6. 腹部拉伸

俯卧在垫子上，腿部完全贴紧地面，双手将上半身撑起，用力拉伸腹部。挺胸呼吸，全程保持均匀呼吸，感觉整个腹部有牵拉感。

7. 跪姿背部拉伸

身体自然而放松地向前趴下；臀部坐在脚后跟上，手臂向前延伸。自然呼吸，感受腰背部的牵拉感。如果下腰背太紧，导致臀部无法坐在脚后跟上，可以在臀部和脚后跟之间垫毛巾。

第二章

排球运动

第一节 排球运动概述

一、排球运动的特点

（1）**广泛的群众性** 排球场地设备简单，比赛规则容易掌握。既可在球场上比赛和训练，亦可以在一般空地上活动，运动量可大可小，适合于不同年龄、不同性别、不同体质、不同训练程度的人。

（2）**技术的全面性** 规则规定，每个队员都要进行位置轮转，既要到前排扣球与拦网，又要轮到后排防守与接应。要求每个队员都必须全面地掌握各项技术，能在各个位置上比赛。

（3）**高度的技巧性** 规则规定，比赛中球不能落地，不得持球、连击。击球时间的短暂，击球空间的多变，决定了排球的高度技巧性。

（4）**激烈的对抗性** 排球比赛中，双方的攻防转换始终是在激烈的对抗中进行。高水平比赛中，对抗的焦点在网上的扣拦。在一场比赛中，夺取一分往往需要经过六七个回合的交锋。水平超高的比赛，对抗争夺更激烈。

（5）**攻防技术的两重性** 排球是多种技术都可以得分也能失分的项目。这种情况在决胜局比赛中更加突出，所以说每项技术都具有攻防的两重性，因此，要求技术既要有攻击性，又要有准确性。

（6）**严密的集体性** 排球比赛是集体比赛项目，除发球外，都是在集体配合中进行的。没有严密的集体配合，再好的个人技术也难以发挥，更无法发挥战术的作用。水平越高的队，集体配合就越严密。

二、排球运动的锻炼价值

根据排球运动的特点，参加排球运动不仅能提高人们的力量、速度、灵活、耐力、弹跳、反应等身体素质和运动能力，而且能改善身体各器官、系统的机能状况，还能培养机智、果断、沉着、冷静等心理素质。同时，排球运动也是建设精神文明的一种良好手段。通过排球比赛和训练，可以培养团结协作的集体主义精神，可以锻炼胜不骄、败不馁、勇敢顽强、克服困难、坚持到底的良好作风。

三、排球练习中运动损伤的预防

排球虽然是隔网对抗项目，不像足球、篮球、手球等直接对抗球类项目那样存在身体冲撞受伤的危险，但排球运动的特点决定了参加排球运动的练习者仍然存在劳损、挫伤、意外受伤的危险。

（1）加强预防运动损伤意识。对队员要进行宣传教育，使他们了解排球运动的特点以及易发生损伤的部位和情境，从而在思想上对可能产生的损伤有所准备。

（2）加强身体全面训练，提高机体对运动的适应能力，是预防运动损伤的一种积极手段，特别要注意加强膝关节、肩关节、手指关节、手腕等相对薄弱部位的训练。

（3）教练员（教师）认真钻研教材，要了解每次教学训练课及练习中易发生损伤的技术动作，事先做好准备及采取相应措施，合理安排教学、训练和比赛。

（4）要认真做好准备活动，准备活动的内容和量应根据所要进行练习的活动性质、队员的个别情况及气象条件而定。如扣球、拦网等跳跃练习前应多做一些下肢的准备活动，发球、扣球前多做一些肩关节的准备活动。准备活动结束与正式运动的间隔时间以1～4分钟为宜，一般做到身体发热，微微出汗即可，冬天运动量可大。

四、世界排球大赛简介

（1）**世界锦标赛**　男子从1949年开始，女子从1952年开始。每隔四年举行一次。

（2）**世界杯赛**　男子从1964年开始，每四年举行一次，比赛地点固定在日本。世界杯女排赛始于1973年，每四年举办一届（1991年提前2年举行）。

（3）**奥运会**　1964年东京奥运会开始增加排球项目比赛，每四年一届。沙滩排球在1996年奥运会被列为正式比赛项目。

（4）**世界青年锦标赛**　1977年在巴西进行首届比赛。参赛队年龄在20周岁以下，每四年一次。

（5）**世界排球联赛（也称世界排球大奖赛）**　从1993年开始，每年举行一次。

第二节　排球运动基本技术

一、排球技术的概念

排球基本技术是指在排球规则允许的前提下，符合人体运动科学原理，能充分发挥身体潜在能力的击球动作和配合动作的总称。它是通过发挥排球练习者的机体能力，在排球活动中合理、准确地表现出来的。它是排球运动的基础和重要组成部分。

排球技术有两种：一种是有球技术，包括传球、垫球、扣球、发球和拦网；另一种是无球技术，包括准备姿势、移动、起跳及各种掩护动作等。排球技术主要由步法和手法组成：步法指脚步移动和起跳；手法是指各种击球和控制球的动作。移动迅速准确、起跳合适及时，能保持好人与球的合理位置关系，为充分发挥手法作用创造良好的条件；熟练准确的手法，又可弥补步法的不足。步法与手法还要与视野活动、躯干活动和意识活动相配合并融为一体，才能提高排球技术运用的效果。

二、排球技术的特点

排球运动的规则规定，击球动作清晰准确，不允许球在手中停留，因此，运动员要在短暂的时间内根据场上瞬息万变的情况及时准确地判断来球的方向、性能、落点，保持好人、球、网三者的关系，确定击球的方向、弧度、落点。排球基本技术分为六大项：准备姿势和移动、传球、垫球、发球、扣球、拦网。

1. 准备姿势和移动

准备姿势就是准备迎接各种来球的身体姿势。在排球比赛中，攻防的多数技术都是在准备姿势或快速移动后完成的，因此它是完成各项基本技术的基础。移动的作用是为了接近球，保持好人与球的位置关系，以保证击球动作的合理。比赛中常用的移动步法有滑步、交叉步、跨步和跑步。

2. 传球

传球是在额前上方用双手（或单手）借助蹬地、伸臂动作，通过手腕手指的弹击力量来完成的击球技术动作。传球主要作用是把接起的球传给前排队员进攻。一个队的进攻能力能否充分发挥，在很大程度上取决于该队的传球水平。为了争夺网上优势，使进攻战术快速多变，二传手更起着核心作用。

传球的动作要领：传球相对垫球技术动作有难度。

① 准备姿势为两脚左右开立，与肩同宽。一脚在前，后脚跟稍提起，两膝微屈，身体稍前倾，两臂屈肘抬起，肘部下垂，两手张开成近似传球手型，放在面前。

② 击球点传球时，为了便于观察来球情况和看清手及传球目标，便于对准来球和控制传球方向和落点，击球点应在额前上方约一球距离处。如击球点过高或过低，都会减少对球的作用力，影响手型的正确性。

③ 手型及触球部位。传球时，手型应该是手腕后仰，两手指自然张开，围成半球形，拇指尖相对成近似"一"字形。传球时，以拇指的指腹或内侧触及球的下部或后中下部；食指全部和中指的二、三指节触及球的后上部，无名指和小指触及球的两侧。当手指触及球时，

以两手的拇指、食指、中指随来球的压力,无名指和小指在球两侧协助控制传球方向(见图2-1)。

④ 传球动作和用力。当来球接近额上方时,开始蹬地、伸膝、伸臂、两手张开向脸前上方迎击球,球触手的瞬间,手指和手腕应保持适当的紧张。传球时主要以蹬地、伸髋、伸臂的协调动作和手指、手腕的弹力将球传出(见图2-2)。

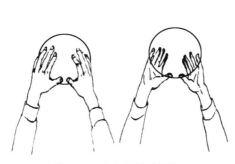

图2-1　手型及触球部位

图2-2　传球动作和用力

3. 垫球

在距腹前一臂距离处借助蹬地、抬臂动作,用双手前臂的前部,利用来球的反弹力将球击出的技术动作称为垫球。垫球在比赛中多用于接发球、接扣球和接拦回球,根据来球力量大小,抱手方法分为抱拳、叠掌、互靠三种,是比赛中争取多得分、少失分,由被动变主动的重要技术。

垫球的动作要领:"插"是指及时移动取位,降低重心,两臂前伸插至球下,使两前臂的垫击面对准来球,并初步取好手臂的角度。"夹"是指两手掌根紧靠,手臂夹紧,手腕下压,用平整而稳定的击球面去迎击球。"提"是指由下肢蹬地,提肩、顶肘、压腕的动作去迎击来球,身体重心要随球前移,两臂在全身协调动作的配合下伴送球(见图2-3、图2-4)。

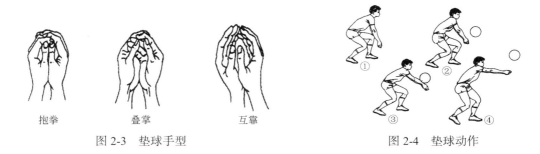

图2-3　垫球手型　　　　　　　　　　图2-4　垫球动作

4. 发球

由队员自己抛球,用一只手将球从网上空两标志杆内击入对方场区的技术动作称为发球。发球是比赛和进攻的开始,是排球技术中唯一不受别人制约的技术动作。攻击性强的发球不仅可以直接得分,还能破坏和削弱对方的进攻,打乱对方的部署,在心理上给对方造成威胁。

① 正面上手发球(图2-5)。这是一种使发出的球不旋转,从而使球的运行轨迹呈不规则地向前飘晃飞行的发球方法。正面上手发球抛起球的高度离上身一臂左右距离。击球前手臂的挥动轨迹不呈弧形,而是从后向前呈直线运动形式。击球时五指并拢,手腕稍后仰,用手掌平面击球体中下部;击球时手指紧张,手型固定,不加推压动作,击球后手臂突停前摆。发球面对网站立,便于观察对方,发球的准确性大,易于控制落点,并能充分利用转体、收腹动作带动手臂加速挥动,以便运用手腕的推压动作,加大击球的力量和速度。面对球网,两脚自然开立,左脚在前,左手持球于体前。用抬臂和手掌的平托上送,将球平衡地垂直抛于右肩的前上方,高度适中。在左手抛球的同时,右臂抬起,屈肘后引,肘与肩平,上体稍向右侧转动。击球时,利用蹬地力量,使上体向左转动,同时收腹,带动手臂挥动。在右肩上方伸直手臂,用全掌击球的中下部。击球时,手指自然张开吻合球,手腕要迅速主动地做推压动作,使击出的球呈上旋飞行。

② 侧下手发球(图2-6)。这种发球方式较适用于女生。发球队员侧对网站立,两脚左右开立,与肩同宽,两膝微屈,上体稍前倾,重心落在两脚中间。左臂伸直,左手持球,抛高25~35厘米;抛球同时右臂摆至右后方偏下,利用右腿蹬地向左转体,同时带动右臂向前上方快速摆动,在体侧半握拳击球的后下方。

图2-5　正面上手发球

图2-6　侧下手发球

5. 扣球

运动员跳起在空中用一只手臂作弧形挥动,用手将本方场区上空的球,从两标志杆内的球网上空击入对方场区的技术动作称为扣球。扣球在比赛中是进攻最积极有效的武器,因此是得分、得权的主要手段。

(1) **起跳**(**图2-7**)　在助跑跨出最后一步的同时,两臂绕体侧向后引,左脚在落地制动的过程中,两臂自后积极向前摆动,随着双腿蹬地向上起跳,两臂配合起跳用力上摆。

(2) **空中击球**(**图2-8**)　起跳后,挺胸展腹,上体稍向右转,右臂向后上方抬起,身体成反弓形。挥臂时，以迅速转体、收腹动作发力，带动肩、肘、腕各部位关节成鞭甩动作向前上方挥动。击球时，五指微张成勺形并保持紧张，用全手掌包满球，以掌心为击球中心，击球的后中部，同时主动用力屈腕屈指向前推压，使扣出的球加速上旋。击球点在起跳和手臂伸直最高点的前上方。

图 2-7　起跳　　　　　　　　　图 2-8　空中击球

（3）**落地**　空中完成击球动作后，身体自然下落，为了避免腿部负担过重，应用双脚的前脚掌先着地，同时顺势屈膝，缓冲身体下落的力量。

6. 拦网

队员在网前以腰部以上身体任何部位（主要是手臂、手掌），在球网上沿阻挡对方击球过网的技术动作称为拦网。拦网是防守的第一道防线，是反攻的重要环节。拦网可将对方有力的扣杀拦起，减轻后排防守的压力，为本方组织反攻创造条件。拦网能把对方的扣球直接拦回、拦死，在比赛中是得分、得权的重要手段之一。

（1）**准备姿势**　队员面对球网，两脚左右开立，约与肩同宽，距网 30～40 厘米。两膝微屈，两臂屈肘置于胸前。

（2）**移动**　常用的步法有一步、并步、交叉步、跑步等。无论采用哪种移动步法，都要做好制动动作，以保证向上起跳，避免触网和冲撞同队队员。

（3）**拦网起跳**（图 2-9）　原地起跳时，两腿屈膝，重心降低，随即用力蹬地，两臂以肩发力，在体侧近身处，做划弧前后摆动，帮助身体迅速跳起。移动后的起跳，其起跳动作与原地起跳一样，但要注意制动并使移动与起跳动作紧密衔接。

（4）**空中动作**（图 2-10）　起跳时，两手从额前沿球网向上方伸出，两臂伸直并保持平行，两肩上提。拦网时，两臂应伸过网去接近球。两手自然张开，屈指屈腕成半球状。当手触球时，两手要突然紧张，手腕下压盖在球的前上方。

图 2-9 拦网起跳

图 2-10 空中动作

（5）**落地**　拦球后，要做含胸动作，以保持身体平衡。手臂要先后摆或上提，从网上收回至本方上空，再屈肘向下收臂，以免触网。与此同时，屈膝缓冲，双脚落地，随即转身面向后场，准备接应来球或做下一个动作准备。

第三节　排球基本战术

排球基本战术可分为个人战术和集体战术两大类。个人战术即个人根据场上情况有目的地运用技术的过程，分为发球、一传、二传、扣球、拦网、后排防守 6 项个人战术。集体战术是指两个或两个以上队员之间有组织、有目的的集体协同配合。集体战术包括进攻战术和防守战术。进攻战术是指在接对方发、扣、拦、传、垫过来的球后，全队所采取的有目的、有组织的进攻行动。进攻形式包括强攻、快攻、两次球及其转移。强攻指在没有同伴掩护的情况下，强行突破对方拦防的进攻。快攻指扣击二传传出的各种平、快球，以及用这些平、快球作掩护所组成的各种战术配合。两次球及其转移指，当一传来球较高，又在网前适合扣球的位置，前排队员可跳起直接进行扣球。防守战术包括 4 种阵型：接发球站位阵型、接扣球防守阵型、接拦回球保护阵型及接传、垫球防守阵型。

一、阵容配备

阵容配备指比赛时场上人员的搭配布置。阵容配备的目的是合理地搭配全队的力量，更有效地发挥每一个队员的特长和作用。为此，在组织阵容时，应该根据队员的身体素质、技术水平，合理安排其在阵容中的位置，把进攻力量强的和防守技术好的队员搭配好，使每一轮次都有较强的进攻能力和较好的防守能力；主攻手、副攻手和二传手分别安插在对称的位置上，以便在轮转时保持比较均匀的攻防力量；根据战术需要和队员间默契程度，把平时配合较好的进攻队员和二传队员安排在相邻的位置上；扣球好的主动手一开始站在最有利的位置上，如 4 号位；防守好的队员，应站在后排；本方有发球权时，发球好的队员最好站在 1

号位；发球权在对方时，发球好的队员可站在2号位；一传较差的队员尽可能不要安排在相邻的位置上，避免形成薄弱区域。

根据各队不同的技术水平和战术特点，一般有以下三种阵容配备。

1. "四二"配备（图2-11）

"四二"配备即场上两个二传手、四个攻手（其中两个主攻手、两个副攻手），安排在对称的位置上。每一轮次前排都有一个二传队员和两个进攻队员，便于组织前排二传传球的两点进攻和后排二传插上传球的三点进攻。但每一个进攻队员必须熟悉两个二传队员的传球特点，配合比较困难。

图2-11 "四二"配备

2. "五一"配备

"五一"配备即场上一个二传队员，五个进攻队员。为了弥补有时主要二传队员来不及传球所出现的被动局面，通常在二传队员的对角位置上，配备一名有进攻能力的接应二传队员。二传队员在前排时采用两点进攻，二传队员在后排时负责进攻和拦网。"五一"配备中，全队进攻队员只需适应一名二传队员传球的习惯、特点，容易建立配合间的默契。但防守时，一传队员如果在后排，要插上传球，难度较大。

排球规则规定，发球以后，队员在场上可任意交换位置。利用这一规则，各队通常采用专位进攻、专位防守的方法。一般来说，在前排的，主攻队员换在4号位，拦网好、移动快、连续起跳能力强的副攻队员换到3号位，二传队员换到2号位；在后排，主攻队员换到5号位，副攻队员换到6号位，二传队员换到1号位。这种位置交换，使队员专位化，便于发挥每个队员的特长，有利于让队员集中学习训练掌握某项实用技术。但专位化也容易造成队员技术的不全面。

换位时应注意：换位前，应按规则的要求站位，防止"位置错误"犯规；当发球队员击球后，立即换到预定位置；对方发球时，应首先准备接球，然后再换位，以免影响接发球；本方发球时，换位队员应面向对方场区，观察对方动态；成死球后，应立即返回原位，及早做好下一个球的准备。

二、进攻战术

进攻战术是指在接对方发过来、扣过来、拦过来和传、垫过来的球后，全队所采取的有目的、有组织的配合进攻行动。进攻战术又可分为进攻阵型和进攻打法两方面。这里只介绍进攻阵型。

进攻阵型即进攻时采取的队形。进攻时所采用的阵型是基本一致的，包括"中一二""边一二""插上"三种阵型。

1. "中一二"进攻阵型（图2-12）

3号位队员作二传，将球传给4号、2号位队员进攻的组织形式。其优点是一传队员向网中3号位垫球比较容易，因而有利于组成进攻，适合初学者采用；二传队员在网前接应一传队员的移动距离近，向2号、4号位传球的距离较短，容易传准。缺点是战术变化少，对方容易识破进攻意图。

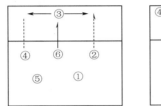  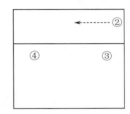

图2-12　"中一二"进攻战术阵型

2. "边一二"进攻阵型（图2-13）

2号位队员作二传，将球传给3号、4号位队员进攻的组织形式。其优点是右手扣球者在此3号、4号位扣球比较顺手，战术变化较多。缺点是5号位队员向2号位垫球时，由于距离远，角度大，控制球难度较大。一传偏至4号位时，二传接应较为困难。

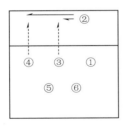 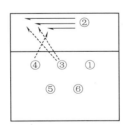 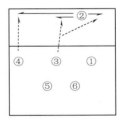

图2-13　"边一二"进攻战术阵型

3. "插上"进攻阵型（图2-14）

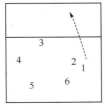 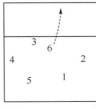 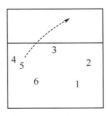

(a) 1号位插上　　(b) 6号位插上　　(c) 5号位插上

图2-14　"插上"进攻战术阵型

二传队员由后排插上前排作二传,把球传给前排 4 号、3 号、2 号位队员进攻的组织形式。其优点是能保持前排三点进攻,战术配合变化多,并能利用网的全长组织进攻。缺点是对插上二传队员的要求较高。

三、防守战术

排球的防守战术是组织进攻或反攻战术的基础,没有严密的防守,进攻就无从组织。一切防守战术都应从积极为进攻和反攻创造条件的角度进行设计和考虑。

1. 接发球阵型

当对方发球时,本方处于防守地位,也是组织第一次进攻的开始。事先站好位置,摆好阵型,是接好发球的基础。站位的阵型,不仅要有利于接球,也要有利于本方所采用的进攻战术。同时,还要根据对方发球的特点,采取不同的阵型。通常多采用 5 人接发球和 4 人接发球。

5 人接发球站位阵型如图 2-15。除 1 名二传队员站在网前或从后排插上准备二传不接发球外,其余 5 名队员都担负一传任务的接发球站位阵型。其优点是队员均衡分布,每人接发球的范围相对减小;接发球时,已站成了基本的进攻阵型,组织进攻比较方便,适合接发球水平不太高的球队。其缺点是一传队员从 5 号位插上时距离较长,难度大;3 号位队员接球时,不便组成快攻战术;不利于队员间的及时换位;配合不默契时,容易互相干扰。

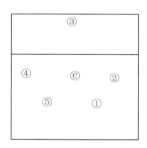 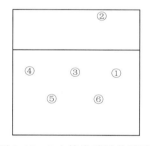 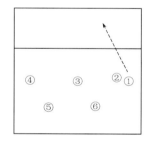

图 2-15　5 人接发球站位阵型

2. 接扣球阵型

接扣球的防守与组织反攻是密不可分的,只有防守成功才能有富有成效地反攻。接扣球的防守战术是前排拦网与后排防守的整体配合,根据对方进攻情况、本队队员特长、防守后的反攻打法,一般可分为不拦网、单人拦网和双人拦网的防守阵型。

(1) **不拦网的防守阵型**　在对方进攻较弱,没有必要进行拦网时,可以采用不拦网的防守阵型。这种阵型与 5 人接发球站位阵型相似,前排进攻队员要撤到进攻线后,准备防守和防守后的反攻;后排队员后退,准备防后场球;二传队员留在网前,准备接掉到网前的球和组织进攻。

(2) **单人拦网的防守阵型(图 2-16)**　当对方扣球威胁不大、扣球路线变化不多、轻打中吊球较多时,可以主动采用单人拦网的防守阵型。拦网队员拦扣球人的主要进攻路线,不拦网队员及时后撤防守前区或保护拦网人，后排队员后撤加强后场防守。

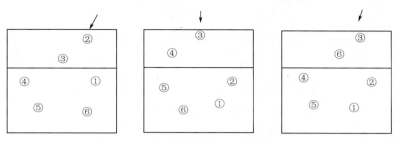

图 2-16　单人拦网的防守阵型

（3）双人拦网的防守阵型　对方水平较高、进攻力量较强、进攻路线变化较多时，多采用这种防守阵型，即两人拦网、四人接球。通常分为"心跟进"和"边跟进"两种。

① "心跟进"阵型（图 2-17）　在本方拦网能力强，对方采取打吊结合时采用。当对方 4 号位队员进攻时，本方 2 号、3 号位队员拦网，后排中间的 6 号位队员在本方拦网时跟在拦网队员之后进行保护，其余 3 名队员组成后排弧形防守。其优点是加强了前区的防守能力，缺点是后排防守队员之间的空当较大。

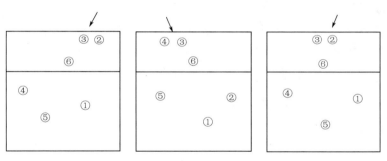

图 2-17　"心跟进"阵型

② "边跟进"阵型（图 2-18）　多在对方进攻较强、吊球较少时采用。当对方 4 号位队员进攻时，本方 2 号、3 号位队员拦网，其他 4 个队员组成半圆弧形防守。如遇对方吊前区，由边上 1 号位队员跟进防守。其特点是加强了拦网；缺点是边上的队员又要防直线，又要跟进防前区，比较困难。

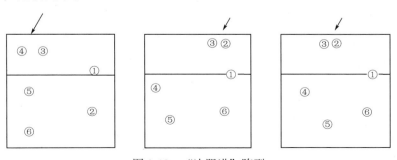

图 2-18　"边跟进"阵型

拓展阅读

  1981年第三届女排世界杯的决赛，随着郎平一记漂亮的重扣，中国女排最终3∶2战胜日本女排，首次夺得世界冠军。1982年，第9届女排世锦赛，1984年洛杉矶奥运会，1985年女排世界杯，1986年女排世锦赛，中国女排实现前无古人的"五连冠"辉煌战绩，王者之师的名号响彻中华大地。

  20世纪90年代，中国女排陷入新老交替的阵痛，这期间，中国女排再没能站上三大赛世界之巅。在最低谷的时候，中国女排依旧永不服输，砥砺前行。

  2000年，中国女排诞生了"黄金一代"，彼时的中国女排凭借着行云流水的默契配合，眼花缭乱的技战术，以及大赛中稳准狠的顽强心态横扫世界排坛。2001年夺得女排大冠军杯赛的冠军，2002年夺得釜山亚运会冠军，中国女排在低谷中逐渐找回自己的状态。2003年，黄金一代风头正盛，中国女排接连夺得瑞士女排精英赛、世界女排大奖赛、亚洲女排锦标赛等几个国际赛事冠军。第九届女排世界杯更是以11战全胜的姿态勇夺桂冠。2004年雅典奥运会，总决赛对阵俄罗斯女排，中国女排在先负两场的情况下以超强的坚韧意志实现惊天逆转。2008年奥运铜牌收官以后，中国女排再次陷入短暂的低谷。2015年亚锦赛战胜韩国队，中国女排重回亚洲巅峰；五个月后世界杯战胜日本女排，中国女排时隔11年再夺三大赛冠军。2016年里约奥运，时隔12年再次获得奥运冠军。

  绝地反击，上演惊天逆转。中国女排告诉大家：比的是实力，拼的是意志，搏的是勇气，奋勇拼搏，永不言弃。这是一代代薪火相传的女排精神，是激励中国前行的铿锵力量！

第三章

羽毛球运动

第一节 握拍方法

掌握握拍方法最终目的也就是使自己的手腕能更加灵活地转动,手指能最大限度地发挥力量。原则是握法不能限制或影响手腕的活动,不能影响手指发力;否则,握法就是错误的。正确的握拍法可以随心所欲地把球打到对方场区的任何落点上。相反,如果握拍的方法不得当,往往会影响对球的控制能力,会限制一些战术和球路。在完成技术动作的时候,也容易被对方预先判断到所要还击的球,同时也会影响技术动作的完成和发挥,降低了击球的效果和准确性,减弱了击球的威力。

1. 正手握拍法(以右手握拍为例)

① 握拍之前,先用左手拿住拍杆,使拍面与地面垂直,再张开右手,使手掌下部(小鱼际)靠在球拍的拍柄底托部位,虎口对着球拍柄窄的一面(即对着拍柄窄面内侧的棱角线)。

② 中指、无名指和小指并拢握住拍柄,小鱼际与拍柄末端相齐。握拍位置不宜过前或过后。

③ 拇指和食指略微前伸贴在拍柄的两个宽面上。

④ 掌心与拍柄面之间留有空隙,有助于灵活调节握拍的动作和发力(图 3-1)。

2. 正手搓球握拍法

在正手握拍的基础上,拇指、食指、中指和无名指稍松开,使拍柄离开掌心,拇指斜贴拍柄内侧的上小棱边上,食指稍向前伸,使第二指关节斜贴在拍柄外侧的宽面上(见图 3-2)。

图 3-1　正手握拍法

图 3-2　正手搓球握拍法

3. 正手勾对角握拍法

在正手握拍的基础上，拍柄稍向外转，拇指斜贴在拍柄内侧的宽面上，食指第二指关节和其他三指的指根贴在拍柄外侧的宽面上，拍柄不贴掌心（见图3-3）。

4. 反手握拍法

反手握拍与正手握拍的主要区别在于，拇指和食指将拍柄稍向外转，食指向中指收拢，拇指内侧顶贴在拍柄内侧的宽面上，中指、无名指和小指并拢握住拍柄，柄端靠近小指根部，掌心应留有空隙，拍面稍后仰（图3-4）。

图3-3　正手勾对角握拍法

图3-4　反手握拍法

5. 反手搓球握拍法

在正手握拍的基础上，拇指、食指、中指和无名指稍松开，拍柄离开掌心同时使球拍向内转，拇指贴在拍柄内侧的上小棱边上，食指第三关节贴在拍柄外侧的下小棱边上（图3-5）。

6. 反手勾对角握拍法

在正手握拍的基础上，拇指、食指、中指和无名指稍松开，拍柄离开掌心，同时将拍柄向内转动，拇指第二关节的内侧贴在拍柄的上小棱边上，食指第二指关节贴在拍柄的下中宽面上，其余三指自然抓在下中宽面和拍柄内侧的宽面上（图3-6）。

图3-5　反手搓球握拍法

图3-6　反手勾对角握拍法

第二节　指　　法

用拇指和食指进行相互转动，使拍做出内旋、外旋的动作。配合前臂相应内旋、外旋动作和腕部屈、伸、展、收和回环动作，才能协调用在发力不大的技术动作上。此法多在搓球、吊球、勾对角球、接发球等技术中运用。

1. 捻动发力方法

① 拇指、食指不移位，相互配合使拍柄内外转动。

② 食指向上移位、拇指向下移位，相互配合使拍柄内转。

③ 拇指向上移位，食指向下移位，相互配合使拍柄外转。

2. 屈指发力

这是发大力量的指法，有用拇指、中指、食指三指指力压拍击球，也有用拇指、中指两指指力压拍击球，完成击球后成拳式握拍。除用指力外还需前臂的外旋、内旋，手腕的屈伸配合。

3. 屈捻发力

有屈指发力又有捻动发力。其特点是动作小、速度快、力量大。配合前臂内旋、外旋，腕的屈、伸、展、收和回动作协调发力。此法多在推球、扑球技术中运用。

4. 常见的错误动作

（1）**无手指动作**　只会用腕、小臂，动作幅度较大，影响动作的突变性，不易控制力量和方向，影响击球的落点质量。手腕动作也只单纯做伸或屈腕动作，前臂没有内（外）旋动作，结果击球没有爆发力，会因发力不足受伤。

（2）**上臂、前臂动作无内（外）旋回环动作**　如高、吊、以肩关节为轴甩臂，上臂和前臂没有明显的旋内加速动作。

5. 纠正方法

① 加强指法的教学与训练。熟练球拍在手中捻、屈动作和球拍在握拍手的回环动作。

② 加强前臂的回环动作。前臂的回环动作必然带动上臂的内（外）旋转动作。

③ 注意上臂回环动作的完成。

④ 可以按以下顺序对照检查动作环节，及时纠正：握拍方法——指法——手腕动作——前臂动作——上臂动作——躯干、腰腹动作——腿部动作。

第三节　发　　球

发球是组织进攻的第一步，依据发球的姿势，分为正手发球和反手发球。采取正手发球还是反手发球，主要是依据自己的习惯或战术的需要来选择。一般情况下，单打中多采用正手发球，而在双打中常用反手发球。就球飞行的角度和距离而言，可将发球分为后场高远球、后场平高球、后场平快球和网前球四种。每项发球技术均由准备动作、引拍动作、击球动作和随前动作四部分构成。

1. 发球的站位

单打的发球站位，一般选择在场地中部、距前发球线 1 米左右位置。

双打竞赛特点决定了双打发球的站位可稍前一些，这样有利于下一拍的抢网球。

2. 正手发球

正手发球（以右手握拍者为例，以下均同）是在身体的右侧采用正拍面击球的一种发球方式，在实战中被广泛采用。正手发球可根据不同的战术需要发出不同的球，如后场高远球、后场平高球、后场平快球和网前球等不同弧度的球。

（1）**正手发高远球**　正手发高远球的基本动作（图 3-7）如下。

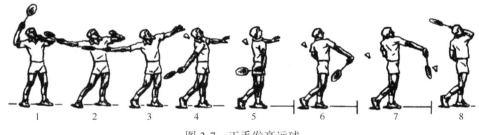

图 3-7　正手发高远球

准备动作：站位靠中线，距前发球线约 1 米处，两脚自然分开，左脚在前，足尖指向球网，右脚在后，足尖指向右前方，两脚间距约与肩同宽，身体重心放在右脚上，用左手拇指、食指和中指夹持住羽毛球中部，自然举于胸前方，右手持拍，自然屈肘于身体右侧。

引拍动作：在准备动作的基础上，持球手松开，使球自然下落，同时右上臂随转体外旋，并带动前臂自下而上沿半弧形做回环引拍动作，充分伸腕，身体重心随转体和引拍动作逐渐前移，左肩对网，准备击球。

击球动作：最佳击球点在身体右侧前下方。在拍面与球接触的瞬间，前臂由下向前上方挥动并急速内旋，带动手腕由伸展至微屈，闪动手腕，握紧球拍，以正拍面发力击球。身体重心随转体动作逐渐由右脚移至左脚。

随前动作：击球后持拍臂随动作惯性自然向左上方挥动，身体重心完全移至左脚，然后将拍收回至体前并将握拍调整成放松的正手握拍形式。

要求：击球点须在右前下方，击球瞬间前臂带动手腕由伸至展，击球后手腕呈展腕状态。

练习方法：

① 直线发高远球的练习。两人一组，沿边线反复发高远球，目标为后场边角，不要怕

失误。

②对角发高远球的练习。两人一组,反复发对角高远球,目标为后场边角,不要怕失误。

(2)正手发平高球 正手发后场平高球是用正手握拍,由于飞行弧度不高和球速相对较快,此种发球颇具威胁性,并常在单、双打中与发网前球配合使用,以增加对方接发球的难度。

准备动作:同高远球。

引拍动作:同高远球。

击球动作:击球时,前臂加速带动手腕向前上方挥动,拍面要向前上方倾斜,拍面与地面的夹角小于45度,以向前用力为主。

随前动作:同高远球。

要求:球飞行的高度以对方跳起无法拦截为佳,并应落到对方场区底线。

(3)正手发平快球 正手发后场平快球是用正手握拍,以正拍面击出飞行弧度,较正手后场平高球还要低的一种发球。这种球的飞行弧度几乎是擦网而过,直射对方后场,因此具有球速快、突击性强的特点,是单、双打发球抢攻战术中常用的一种发球。在比赛中,在发球方有准备而接发球方无准备的情况下,或是对手接发球站位较前的情况下,这种发球快速、突变,使接球方处于被动。

准备动作:同高远球。

引拍动作:在准备动作的基础上,持球手松开,使球自然下落,同时右上臂随转体外旋,并带动前臂自下而上沿半弧形做回环引拍动作,充分伸腕,身体重心随转体和引拍动作逐渐前移,左肩对网,准备击球。

击球动作:击球时,拍面仰角较小,前臂内旋带动手腕快速闪动屈指向前发力击球。击球点在规则允许的范围内,可争取略高一些。

随前动作:击球后持拍臂随动作惯性自然向左上方挥动,身体重心完全移至左脚,然后将拍收回至体前并将握拍调整成放松的正手握拍形式。

要求:击球动作小而快,目的性强。

(4)正手发网前球(图3-8) 由于网前球的飞行弧度低,距离短,可以有效地限制对方直接接发球反攻,或接发球后有目的地抢网或突击扣杀,是单、双打中较常见的一种发球。

图3-8 正手发网前球

准备动作：同高远球。

引拍动作：同高远球。

击球动作：击球时握拍要松，前臂只是前摆不做内旋动作，靠手指控制力量，手腕发力，击球时拍面从右向左斜切击球托后部，使球轻轻擦网而过，落入对方前发球区内。

随前动作：同高远球。

要求：击球时，要控制拍面与力量，避免球过网偏高。特别是在双打中，由于双方场上的移动范围较单打要小，对发网前球的质量要求更高，比如球过网稍高，对方可通过扑、推而直接进行接发球抢攻。击球时，握拍要放松，大臂动作要小，主要靠小臂带动手腕向前切送，用力要轻，注意手腕不能有上跳动作。另外，落点要在前发球线后附近，发出的球要贴网而过，这可免遭对方扑杀。

教学手段与方法：练发网前球时，一要注意使发出的球尽量贴网而过，二是球的落点应在对方前发球线或稍后，且要有变化。另外，在练发网前球时还可安排对手进行扑球练习，这样可提高发球的质量。

3. 反手发球

反手发球站位：发球站位可在前发球线后 10～50 厘米及中线附近，也可在前发球线后及边线附近，面向球网，两脚前后开立（右脚或左脚在前均可），上体稍前倾，身体重心在前脚上。

反手发球握拍与持球：右手臂屈肘，用反手握拍将球拍横举在腰间，拍面在身体左侧腰下，左手拇指与食指捏住球的两三根羽毛，球托朝下，球体或球托在球拍前面对准拍面。

（1）反手发平高球

准备动作：两脚与肩同宽，前后斜站。右脚在前，左脚尖侧后点地，重心放在右脚上；左手拇、中、食指握住球的羽毛处，将球置于腹前腰部以下；右臂屈肘稍向上提起，展腕，用反手握拍，以反拍面将球拍自然置于腹前持球手的后面，两眼正视前方，呈发球前的准备姿势。

引拍动作：左手放球的同时，右手以肘为轴，前臂内旋、展腕由后向前做回环半弧形挥动。

击球动作：击球时屈指手腕发力，用正拍面向前上方将球击出，在击球的一刹那，手腕有弹性地击球，拍面与地面的角度接近垂直。

随前动作：击球后，要积极制动，并将握拍姿势迅速调整为正手放松握拍。

要求：发球时，球拍的挥动方向也与反手发网前球一样，将球击到后发球线以内的区域。

（2）反手发平快球

准备动作：同反手发平高球。

引拍动作：同反手发平高球。

击球动作：击球时，要充分利用前臂带动屈腕的爆发力，拇指屈指发力，使拍面与地面呈近似于90度，向前方用力击球。

随前动作：同反手发平高球。

要求：发平快球时，使球直接从对方肩稍上高度越过落到后场。击球动作要小而快。发网前球时，握拍要放松，上臂动作要小，主要靠前臂带动手腕向前切送，球的弧线要贴网而过，落点在前发球区附近。

（3）**反手发网前球**（**图 3-9**）　发网前球能减少对方把球往下压的机会，发球后立即进入抢攻。把球发到前发球线内角，球飞行的路线较短，容易封住对方攻击自己后场的角度。发球到前发球线外角位能起到调动对方离开中心的作用。特别是在右场区发前发球线外角位，能使对方反手区出现大片空当。但对方也能以直线推平球攻击发球者的后场反手。如果预先提防，可用头顶球还击。发网前球也可以发对方的追身球，造成对方被动。

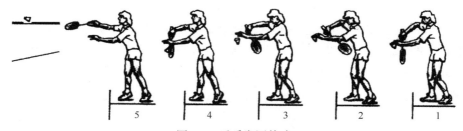

图 3-9　反手发网前球

准备动作：站位接近前发球线，右脚在前，重心在右脚，左脚跟提起，右手采用反手握拍法持拍于腹前，肘关节屈，手腕前屈，左手捏住球的羽毛斜放在球拍前面。

引拍动作：将球拍稍往后摆动至一定距离。

击球动作：前臂向前上方推送，同时带动手腕由屈到微伸而向前摆动，利用拇指的顶力用反拍拍面、以斜拍面向前轻轻推送切击球托，使球尽可能低地沿网上方飞过。推击球托的左斜侧面。

随前动作：击球后，前臂继续往上摆到一定高度后回收至胸前。

第四节　接　发　球

对方发高远球或平高球时，可用平高球、吊球或杀球还击，如图3-10所示。一般来说，接发高远球是一次进攻的机会，还击得好，就掌握了主动。一些初学者常因后场技术没掌握好，还击球的质量较差，以致遭到对方的攻击，图中虚线为对方发来的高远球，"1"为还击高球；"2"为还击吊球；"3"为还击杀球。

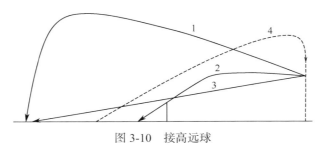

图 3-10　接高远球

1—平高球还击；2—吊球还击；3—杀球还击；4—对方发来的高远球

对方发来网前球时，可用平高球、高远球、放网前球、平推还击，如对方发球质量不好，也可用扑球还击。要洞察对方发网前球的意图，如果是要发球抢攻，而自己的防守能力又不强，那么，就放网前球或平推球还击，落点要远离对方的站位，控制住球，不让对方进攻。当对方连续发球抢攻时，接发球一定要冷静、沉着，若回球质量稍差，就可能让对方抢攻得手（图 3-11）。

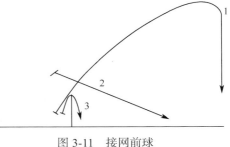

图 3-11　接网前球

1—挑球；2—扑球；3—放网前球

对方发来平快球时，可用平推球、平高球还击，以快制快。由于接球方还击的击球点比发球方高，下压狠一些可以夺取主动。另外亦可以高远球还击，以逸待劳。不能仓促还击网前球，因为如果击球质量稍差，就有可能遭到对方的进攻（图 3-12）。

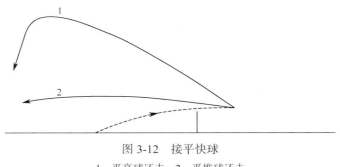

图 3-12　接平快球

1—平高球还击；2—平推球还击

第五节　击　　球

1. 击球的基本环节

羽毛球比赛时，运动员的每一次击球动作，都是从站位准备开始，在判断对方来球的路线、落点后反应起动，移动到击球位置击球，然后做下一次的击球准备的循环过程，即站位、准备，判断、起动、移动、引拍、到位、击球及回位。

在比赛的对击中，双方都按此程序击球，周而复始，直至成死球。以上四个环节，有时比较明显。例如，双方都在高吊打四方球时，球的飞行路线长，球速慢，击球员击球后，都有回位、跑动等，但有时双方在快速来回击球时，四个环节就表现得不那么明显，时间极为短促，移动距离很小。

（1）**站位、准备**　在每一个回合开始，发球员发球后，接发球员在做接发球准备时，都要选择在本方场区或接发球区内合适的位置，以便全面照顾自己场区，迅速到位击球。接球员身体的准备姿势，要有利于迅速起动。一般情况是发球员发球前，接发球员两脚左右开立，稍有前后，膝关节略微弯曲，身体重心在前脚掌并在两脚间轮流移动，即身体重心不要同时压在两个脚上或某一个脚上，以便快速起动。持拍手应放在胸前，拍头向上，这样可以很快做好击上手球、下手球和正手球、反手球的准备。

中心位置的站位准备姿势：两脚左右开立、持拍手同侧脚稍前，两脚脚跟微提两膝稍屈。上体稍前倾，重心投影落在两脚连线上。非持拍臂稍屈，自然垂于体侧。持拍臂稍屈肘，稍展腕持拍，拍杆平行地面或拍头稍向上仰，拍头稍靠向里侧。拍框基本与地面垂直。

两脚开立的宽度：持拍手一侧的脚往前站的距离、身体重心的高低均以个人特点或习惯而定。但是，当准备接杀时，则采用宽站位和低重心的准备姿势。

近网站位的准备姿势：提高准备姿势的重心，球拍也随之举高。

双打还击前后站位准备姿势：根据攻防姿态、选手所处的方位及其战术需要而采取有利于其移动和准备采用的还击技术动作相应站位的准备姿势。

进攻势态：采取高重心两脚左右开立姿势，站位点靠前，球拍举高以便封网。

防守势态：若采取半蹲的防守手段，则站位稍靠前（前发球线稍后），采取低重心两脚左右开立的站位法。球拍举起准备反抽对方杀来的球。若采用一般防守手段，则站位比前者稍后，重心也高些。两脚左右开立，其中一脚稍靠前。一般接来自斜线的球则斜站，面对来球方向；直线来球，则持拍手同侧脚稍靠前站。持拍动作姿势由个人根据战术需要（预判）而定。

（2）**判断、起动**　运动员在站位准备时，根据对方的战术意图、击球规律、技术特点、场上双方态势和对方的击球动作等，作出预测判断，即估计对方将会击来什么球。此时，可把自己的注意力和身体重心移向自己的判断方向，但眼睛仍要密切观察对方的击球。如果对方击出的球与自己预测判断完全一致，就可以在原先移动重心的基础上迅速起动；如果对方击出的球与自己预测判断不一致，就必须迅速调整重心再起动。因此，判断起动可产生两种情况：①判断正确，起动迅速，争得主动；②判断错误，造成调整重心第二次起动，往往就会陷入被动或接不到球。

（3）**移动、引拍**　快速移动、及早到位是羽毛球争取主动击球的基础。羽毛球步法移动的方向有前后、左右两侧，人体的姿势有高重心、低重心、起动、制动、变向，运动员在跑动中既要快速，又要能很好地控制自己的身体重心，在跑动过程中完成击球动作的引拍准备。

这是快速回击球的前提。

（4）到位、击球及回位　击球者跑动到位后，按自己的战术意图，把球击到对方场区。这时要注意击球的最后一步，一定要控制好身体重心。通常击球时，与握拍手同侧的脚与握拍手在同一方向，脚着地时要有缓冲，击球后手臂要立即自然放松，恢复持拍，放在胸前，积极做好迎接下一拍的准备。此时，不一定马上跑回场地的中心位置，而是应根据自己击出球的落点、质量，对方的战术意图、技术特点等双方的态势来决定自己应取的准备位置。这个位置可偏左、偏右或压到网前等。例如，击球者在被动时挑出一个高弧线的底线高球时，就有时间回到自己场区的中心做准备。又如，击球者杀到对方一个边线球，估计对方只能直线回网前，杀球者就可以直线冲到网前封网，在对方球过网时，立即封网扑杀。

2. 常见击球技术方法

击球技术可分正手和反手两种，要准确描述一个击球动作，往往需要两个或者三个术语来表示某一击球在场上的位置和击球的形式。依据击球点与人体部位不同分上手击球和下手击球。击球法包括：高远球、吊球、杀球、放网前球、挑球、搓球、勾对角球、推球、扑球、接吊球、接杀球、抽球、挡球等。

（1）**后场正手击高远球**　后场击高远球是将对方击至本方后场底线附近的球回击得又高又远，落至对方端线附近的一种球。它包括后场正手、头顶和反手三种击法。由于球飞行弧度高，速度慢，在被动的情况下可有效地争取回位时间，调整好接球位置，故比赛中在被动的情况下常用此种球进行过渡，或迫使对方远离位置与吊球结合，调动对方。双打中如打守中反攻战术，也可利用后场击高远球，调动对方底线，有意消耗其体力。

正手击高远球（图 3-13）基本动作如下。

图 3-13　后场正手击高远球

准备动作：用后场正手后退步法迅速向来球方向移动，调整好身体与来球间的位置，使击球点选择在右肩稍前的最上方。左脚在前，右脚在后，两脚与肩同宽，身体侧向球网，重心在后脚上。左手自然上举，眼睛注视来球。右手持拍采用正手握拍法，屈臂举于右侧。拍面面向球网。

引拍动作：当球下落到一定的高度时，上臂随着身体向左转体，手肘上抬，手臂后倒引拍，以肩为轴做回环动作，同时身体向左转体，充分伸展。前臂充分向后下方摆动并外旋，手腕充分伸展，准备击球。同时左手随转体动作自然屈臂协调摆在身体左侧。

击球动作：击球时，上臂上举，前臂急速内旋带动手腕加速向前上方挥动，同时顺着原来的回环动作继续向前上方挥动。手腕屈，手指屈指发力，用正拍将球击出，击球点选在右肩的前上方，高度以持拍手臂自然伸直击球为宜。如果是起跳击球，则按击高远球准备姿势做好，右脚蹬地，左脚后摆交叉起跳，开始转体，同时手臂引拍，在空中高点完成击球动作。

随前动作：身体随惯性向左转体稍前侧，右脚随身体重心前移并向前跨步。右手随击球后的惯性向左前下方挥动，然后顺势收回至体前，还原成正手球拍形式，呈击球前的准备姿势。如起跳击球后，左脚触地的瞬间，左脚前脚掌立刻随身体重心前移而蹬地，随右脚向前迈步跟进回中心位置。

起跳击球要领：按正手击高球准备动作做好。右脚起跳随即在空中转体并完成引拍、击球动作。击球动作是在空中最高点完成，落地瞬间左脚前脚掌内侧着地，膝关节自然伸直以便能用力蹬地，使身体重心前倾，而后右脚落地。

要求：击球点在右肩前最高点，击球时手臂几乎是伸直的。外旋带动手腕快速闪动，产生爆发力，以正拍面将球击出。

（2）**后场反手击高远球**（图3-14）

图3-14 后场反手击高远球

准备动作：由中心位置起动后，用后场反手后退步法向来球方向摆动，击球前右脚在前先不着地，击球动作完成瞬间同时着地。身体背向球网，右手反手握拍屈肘举于身体右侧与肩同高的地方，两眼注视来球，呈击球前的准备姿势。

引拍动作：持拍臂手肘向上抬举，身体稍向左转体，含胸收腹，右腿稍屈，同时手臂回环内旋引拍，握拍手尽量放松，手腕稍有外展。

击球动作：当球下落至右肩前上方一定高度时，上臂、前臂急速外旋带动手腕加速，近似画一条弧线由左下方经胸前向右前上方挥动。击球时，手腕由伸展至屈收快速闪动屈指发力，利用拇指的顶力以及食指及其他三指的握力，用反拍面将球击出。此时右脚着地，身体重心也落在右脚上。如果对方的来球向左后场区的时候，要迅速把身体转向后方，移动到适合的击球位置，背对球网，反手握拍，沿半弧形击球，将球击向后上方。

随前动作：持拍手臂手腕发力后随即制动收回胸前，右脚蹬地向右转体，面向球网跟进回位。

要求：击球点的选择，手腕屈指闪动发力击球。

（3）**后场头顶击高远球** 正手握拍，在左后场区用正拍面在头顶上方击后场高远球叫后场头顶击高远球（图3-15），基本动作如下。

图3-15 后场头顶击高远球

准备动作：如果是在主动的情况下击球，为使击球动作隐蔽，要求击球前的准备姿势以侧身准备（左肩对网）；如果是被动击球，在来不及的情况下，击球前左肩不一定对网，可以用交叉步向左斜后侧后退。

引拍动作：同正手击高远球。

击球动作：后场头顶击高远球的要领与后场正手击高远球的要领基本相同，所不同的是击球点偏左肩上方。跳起击球时，身体偏左倾斜，落地时左脚向左后方摆动幅度大些，使左脚的落地点在身体重心投影点的左后侧，以保证落地后身体前倾。

随前动作：击球后迅速跟进回位。

（4）**后场平高球** 后场平高球是飞行弧度较平的高远球，是一种进攻型高球，其高度以对方起跳拦击不了为准。

由于后场平高球的速度快、击球动作突然性强，如能选择适当的时机运用高质量的平高球攻击对方后场底线两角，配合前场小球调动对方，效果极佳，可控制对方后场，使其被动，为自己创造进攻机会。平高球是后场的进攻技术之一。同后场击高远球一样，后场击平高球技术也有正手、头顶和反手三种击球法。

后场正手、头顶和反手击平高球技术的动作要领与后场正手、头顶和反手击高远球技术的动作要领基本相同，不同之处是引拍、击球动作较高远球小而快，击球的瞬间应运用前臂内旋带动手腕的充分闪动，快速发力以比击高远球仰角稍小一些的正拍面将球击出。要求发力击球的时间更短，爆发力更强，突然性更大。

（5）**吊球** 吊球是从后场将球回击到对方网前区域（前发球线附近与球网之间）紧靠边线两角的近网小球，球的飞行弧度以球过网后迅速下落为宜。

吊球技术分为正手、反手和头顶三种手法。根据不同的来球弧度，又可分为高手位的主动吊球和低手位的过渡吊接两种。按球的飞行弧线和击球动作的不同分为劈吊、拦截吊和轻吊。劈吊击球前动作和打高球、杀球相似,击球时用力较轻,带有劈切动作,落点一般离网较远。拦截吊是把对方击来的平高球拦截回去,击球时用拍面正对来球,轻轻拦切或点击,使球以较平的弧线、较慢的速度越网垂直下坠。轻吊击球前动作和打高球相似,击球时拍面正对来球,在触球的刹那,突然减速或轻切来球,使球刚一过网即下坠。

① 正手吊球:击球准备和前期动作同正手高球。只是击球时拍面稍向内倾斜,手腕作快速切削下压动作,击球托的后部和侧后部。若吊斜线球时,则球拍切削球托右侧并向左下方发力;若吊直线球,则拍面正对前方向下方切削。

② 反手吊球:用反手握拍以反拍面在后场击吊球为反手击网前吊球(图 3-16)。准备姿势、引拍动作和随前动作均同反手击后场高远球。击球动作不同之处是,击球的拍面和击球力量的大小不同。吊直线,击球时前臂外旋带动手腕,用手指发力,使拍面外旋,用斜拍面向前下方切击球托的后中部。击球瞬间,拍面与地面水平面的夹角应稍大于 90 度。吊斜线球时,用斜拍面向斜下方切击球托的左侧部位。反手吊球发力击球时应稍带有前推动作,否则球将不易过网。

图 3-16 反手吊球

③ 头顶吊球:用正手握拍在左后场区头顶上方以正拍面向对方网前区域击吊小球为后场头顶吊球(图 3-17)。同正手吊球一样,头顶也可击直线、斜线吊球。准备动作、引拍动作,与头顶击高远球相同。击球动作,不同之处是,击球时前臂急速旋内,中指、无名指和小指屈指外拉拍柄,使拍子内旋,拍面前倾,以斜拍面快速切击球托的左斜侧面。随前动作,与头顶击直线球动作相同。

图 3-17 头顶吊球

（6）**杀球**　杀球是在后场或中场争取尽量高的击球点，并全力将球由高点向下往场地中后场区扣压下去的一种技术。杀球时击球力量最大，速度最快，在比赛中通常是进攻直接得分的重要手段。

依据击球点在场区的位置，可分为后场杀球技术和中场杀球技术。后场杀球技术包括后场正手杀球、后场头顶杀球和后场反手杀球三种击球方法（仅介绍后场正手杀球、后场头顶杀球）；根据杀球力量的不同可分为重杀和点杀；根据出球距离和落点的不同可分为长杀（落点在双打后发球线附近）和短杀（落点在中场附近），以及利用时间差而采用的突击杀等多种杀球。

后场正手杀球技术：在右肩前上方，利用正手握以正拍面击杀球为后场正手杀球。

准备姿势：引拍动作和击球后的动作均与后场正手击高远球技术相同。

击球动作：击球点选在右肩前上方较击高远球、吊球稍前一点的位置上。击球前获得较大的力臂距离，引拍动作可较后场击高远球大一些，充分调动下肢、腰腹产生的力量。在准备击球前身体后仰几乎呈"弓形"，在击球瞬间将全身的力量，通过手腕由伸到屈的快速闪动，用正拍面向前下方全力发力压击球。

要想杀球凶猛，须注意两点：一是击球点的选择。选择适当的击球点是掌握杀球技术的关键，如果击球点太靠前，则杀球不易过网；如果击球点太靠后，则击球角度不好，不利于发力，击出的球无力。击球点的位置必须恰当，才能取得理想的击球效果。二是全身协调用力。杀球的力量来自右脚的蹬力，腰腹力，上臂、前臂、手腕以及身体重心等各方力量的协调一致，最后用于击球上。如有一个动作协调不好，就会影响杀球的力量。至于后场正手是杀直线球还是斜线球，主要根据手腕、手指控制击球的拍面和方向来决定。用正拍面向正前下方击球则杀直线球；用正拍面向斜前下方击球则杀斜线球。

后场头顶杀球技术：在左后场区用正手握拍，以正拍面在头顶上方击杀球为后场头顶杀球（图3-18）。

图3-18　正手头顶杀球

后场头顶杀球技术的动作要领：后场头顶杀球技术的准备姿势、引拍动作及击球后的动作要领均与后场头顶击高远球技术相同，而击球动作则与后场正手杀球技术动作要领基本相同，所不同的是，击球点偏在头顶前上方。

击球时如以正拍面向正前下方发力击球托中后部为头顶杀直线球；击球时手臂带动手腕内旋，手指向内转动球拍，用正拍面向右斜前下方击球托的稍左侧面后部为头顶杀斜线球。击球时拍面是正面击球，而不带任何切击动作，否则斜拍面击球，拍面与球摩擦，将会抵消击球的力量。

（7）中场平抽球

① 正手平抽球（图3-19）基本动作如下。

图3-19　正手平抽球

准备动作：面对球网，右脚稍在前，膝微屈，前脚掌着地，右手握拍于体前。

引拍动作：右脚稍向右迈出一小步，同时上体稍往右侧，右臂向右侧上摆。球拍上举，肘关节保持一定角度，前臂稍后摆而带有外旋，手腕从稍外展至后伸，使球拍到后下方。

击球动作：前臂急速往右侧前挥动，从外旋转为内旋至伸直闪腕，握紧拍柄，挥拍抽压击球托底部。

随前动作：球拍向左边顺势盖过去，收拍子胸前回位。

② 反手平抽球。

准备动作：与正手抽球基本相同。

引拍动作：右脚向左前跨一步，身体左转，右前臂往身前收。肘部稍上抬，前臂内旋，手腕外展，球拍引到向左侧。

击球动作：右前臂在往前挥拍的同时外旋，手腕由外展伸直至内收闪腕，手指突然握紧拍柄，拇指前顶，迎球挥拍，从球托的底部盖压过去。

随前动作：击球后，球拍随身体回动而回收。

（8）**接杀球**　由于接杀球技术是在对方处于攻球，而己方处于将对方凌厉杀球还击回去的情况下运用的技术，所以要求判断、反应、起动和出手要快，击球前的引拍预摆动作要小。又由于接杀球可借助对方来球的力量反击球，所以击球力量也不大。在比赛中，接杀球虽然看似一项防守技术，但如果防守严密，回球的战术线路及落点拿捏得当，往往是守中反攻的开始。

接杀球技术可分为接杀放网前小球、接杀勾网前对角线球、接杀挑后场高球和接杀平抽球等几种球。每一种球又可分为正、反手两种击法。

① 正手接杀放网前球。正手握拍用正拍面在身体右侧将对方的杀球回击至对方网前的区域为正手接杀放网前球（图3-20），基本动作如下。

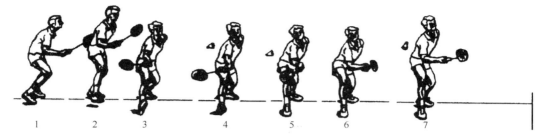

图3-20　正手接杀放网前球

准备动作：两脚与肩同宽自然分立于中场稍偏后一点的位置上，重心降低，双眼注视对方的击球动作，呈接球前的准备姿势。

引拍动作：用正手接杀球的步法向来球方向移动，在右脚触地的同时，右手伸向右侧面，上臂外旋，稍做伸腕引拍。

击球动作：借助对方杀球的力量，运用手腕的屈收、手指控制球拍面，以切击动作向前方推送轻击球托的底部，使球尽量贴网下落。

随前动作：击球后，上下肢动作都应迅速复位准备回击下一个来球。

② 反手接杀放网前球。反手握拍用反拍面在身体左侧面将对方的杀球回击至对方的网前区域的球称为反手接杀放网前小球（图3-21），基本动作如下。

图3-21　反手接杀放网前球

准备动作：用中场反手接杀球的步法向来球方向移动，其余动作与正手接杀放网前球相同。

引拍动作：当右脚触地的同时，右手伸向左侧来球方向。前臂稍有内旋引拍预摆动作。

击球动作：击球时由展腕至收腕微微发力，并通过手指控制球拍面的力量和角度切击球托底部。

随前动作：脚迅速蹬地向中心位置回动，同时将拍收至胸前并调整为正手握拍，准备迎接下一个来球。

③ 正手接杀勾网前对角线球。正手握拍，以正拍面在身体右侧将对方击来的杀球勾至对方正手网前区域的球为正手接杀勾网前对角线小球。

准备动作、引拍动作及随前动作均同正手接杀放网前球。

击球动作：击球时，运用正手网前勾对角线球的击球动作向前推送发力击球。注意击球力量应视对方杀球力量的大小来调整。如对方杀球力量大，己方击球力量要相对小；如对方杀球力量小，己方击球的力量则需要相对得大。

④ 反手接杀勾网前对角线球。反手握拍，用反拍面在身体左侧面将对方的杀球勾到对方反手网前区域内的球为反手接杀勾网前对角线球。

准备动作、引拍动作和击球后的动作都与反手接杀放网前球相同。

击球动作：击球时，运用反手网前勾对角线球的击球动作，向前推送发力击球。同正手接杀勾网前对角线球一样，应视对方杀球力量的轻重来调整控制己方击球力量的大小。

⑤ 正手接杀挑后场高球。正手握拍，以正拍面将对方杀至身体右侧面或体前的球挑向对方后场底线区域附近的球称为正手接杀挑后场高球。

准备动作和击球后的动作均同正手接杀放网前球。

击球动作：在体前或体侧发力击球。注意出手要快，预摆动作及发力动作都不能大。正拍面向正前上方挥动则击直线球。斜拍面向斜前上方挥动则击斜线球。

⑥ 反手接杀挑后场高球。反手握拍，运用反拍面将对方杀向身体左侧面或前方的球挑至对方后场底线区域附近的球称为反手接杀挑后场高球。

在身体前或身体左侧发力击球。其余要点同正手接杀挑后场高球。

⑦ 接杀正手平抽球（图3-22）。站在右场区的中部，两脚平行站立稍宽于肩，重心在两脚间，微屈膝收腹，正手握拍举于右肩前。击球前肘关节前摆，前臂稍往后带外旋，手腕稍外展至后伸，引拍至体后。击球时前臂内旋，手腕伸直闪动，手指抓紧拍柄，球拍由右后往右前方高速平扫盖击来球。击球后手臂左摆，左脚往左前方迈一步，右脚迈一步回中心位置。

图3-22 接杀正手平抽球

⑧ 接杀反手平抽球（图3-23）。右脚前交叉在左侧前，重心在左脚上，右手反手握拍在左侧前。击球前肘部稍上抬，前臂内旋，手腕外展，引拍至左侧。击球时，在髋的右转带动下，前臂外旋，手腕由外展到伸直闪动，挥拍击球托的底部。击球后，球拍随身体的回动收回到右侧前。

图 3-23　接杀反手平抽球

（9）挡球　挡球技术略似抽球，但击球点近身，只能用前臂、腕、指发力为主击球。球飞行形式与抽球相同，行程短，打到对方前场或中场，挡球应尽可能争取高击球点，所以多用于双打和混双中。

挡球技术分为正、反手两种手法。

① 正手挡球。基本动作如下。

准备动作：两脚开立面对网，上体直立膝弯曲成半蹲式，举起球拍，拍面超过头顶。

引拍动作：当判断来球是在头顶上时，身体稍往前移，同时左脚往前跨一小步，右脚稍微伸直，成左弓箭步，把击球点选在右肩的前上方。上臂向前上方抬起，肘弯曲，前臂稍后摆带有外旋，引拍于头后，手指放松握拍。

击球动作：击球时，前臂向前并内旋，手腕由后伸至前方闪动挥拍击球托的后部，上臂有制动动作，使球平直、急速地飞向对方中间场区附近。

随前动作：击球后，球拍随势前盖，右脚往左前方迈一步，站在中线两侧稍偏后的位置上，球拍由左下回举至前上方，准备迎击第二次来球。

② 反手挡球。基本动作如下。

准备动作：两脚平行站在左场区，重心在右脚，举拍于右侧前。

引拍动作：当判断来球是在左场内时，右前臂往左摆，身体稍向左转至右肩对网，左脚也往左侧迈一小步，前臂内旋，手腕外展引拍于左侧后，手指放松握拍。

击球动作：击球时，前臂外旋，手腕伸直闪动，屈指发力握紧拍子，向前下方击球，上臂做制动动作，使球比较平直地向前飞进。

随前动作：与正手挡球基本相同。

第六节　步　　法

1. 步法分类

羽毛球步法有基本步法和场上移动步法。

基本步法：跨步、蹬步、并步、垫步、跳步等。

场上移动步法：是在场区移动的方法，一般都是从场地中心位置开始，按移动方向分为上网、后退和两侧步法。

场上移动步法的结构由起动、移动、到位击球（制动）和回位（回动）几个基本环节组成。右手持拍者，到位击球时的最后一步一般都是右脚在前，而左脚总是靠近中心位置，向着场地中心。

2. 步法内容及动作要领

羽毛球的步法和手法（即各种击球法）是相辅相成、不可分割的，许多击球技术都是靠熟练、快速、准确的步子移动来完成的。不掌握正确的步法，就会影响各种击球手法的学习和掌握，而在比赛中如没有到位的步法，就会使手法失去应有的积极作用。

主要的步法有：上网移动步法、两侧移动步法、起跳腾空突击步法、后退步法等。

（1）**上网移动步法** 包括跨步上网、垫步或交叉步上网、蹬跳上网、上网进攻步法和上网防守步法。

不论用哪种步法上网，其上网前的站位及准备姿势都是一样的，即站位取中心位置，两脚左右开立（稍有前后），约同肩宽，两膝微屈，两脚前脚掌着地，后脚跟稍提起并左右微动；上体稍前倾，右手持拍于体前，两眼注视对方的来球。

① 跨步上网。判断准对方来球后，左脚掌内侧用力蹬地并侧身向来球方向迈出，接着右脚也向前迈一大步，以脚掌外侧和脚跟先落地，再过渡到前脚掌，右膝关节弯曲并成弓箭步。紧接着左脚自然地向右脚着地方向靠小半步。击球后，右脚蹬地用小步、交叉步或并步回到中心位置。

② 垫步或交叉步上网。判断准对方来球后，右脚先迈出一小步，左脚立即向右脚垫一小步（或从右脚后交叉迈出一小步）。左脚着地后，左脚内侧用力蹬地，右脚再向网前跨一大步成弓箭步，身体重心落在右脚。击球后，右脚朝后蹬地，小步、交叉步或并步退回到中心位置。垫步或交叉步上网的优点是步子调整能力强，在被动情况下，能利用蹬力强、速度快的特点迅速调整脚步迎击来球。

③ 蹬跳上网。蹬跳上网是在预先判断来球的基础上，利用脚蹬地，迅速扑向球网，以争取在球刚越过网时立即进行还击。单打或双打中常用此步法上网扑球。其步法是站位稍靠前，对方有打网前球的意图后，右脚稍向前，刚一点地便起蹬侧身扑向网前。击球后应立即退回中心位置，蹬跳上网既要快，又要防止因前冲力过大而触网。

④ 上网进攻步法。上网进攻步法实用范例见表3-1。

表 3-1　上网进攻步法实用范例

步法组合	实用范例	步法组合	实用范例
垫步+跳步	网前扑球	垫步+跨步	网前搓球、推球、勾球
垫步+蹬跳步	网前扑球、拨球	并步+蹬步+跨步	头顶杀球、上网搓球

⑤ 上网防守步法。上网防守步法实用范例见表3-2。

表3-2　上网防守步法实用范例

步法组合	实用范例	步法组合	实用范例
垫步+跨步	上网打低手位球	并步+垫步+跨步	自后场打完高球、上网接低球
并步+跨步	自后场回中心接吊球		

（2）**两侧移动步法**　多用于接对方的扣杀球和打来的半场低平球。其移动前的准备姿势及站位基本同上网步法。

① 向右侧移动步法（图3-24）。判断准来球后，上体稍倾向左侧，用左脚掌内侧用力蹬地，右脚同时向右侧跨大步，髋关节随之右转、上体稍倾向右侧，重心在右脚上。离中心较近时，蹬跨一大步到位击球，如离中心较远，则垫一小步后右脚再跨一步。

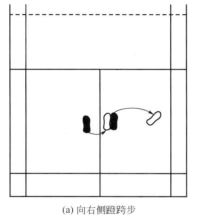 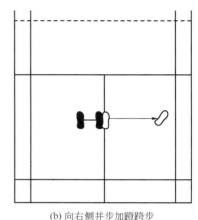

(a) 向右侧蹬跨步　　　　　　　(b) 向右侧并步加蹬跨步

图3-24　向右侧移动步法

② 向左侧移动步法。判断准来球后，上体稍倾向右侧，用右脚掌内侧用力蹬地，左脚随髋关节的转动同时向左侧跨大步。若来球较远，左脚先向左侧移一小步，紧接着右脚往左侧方向起蹬并转身，向左跨大步。

③ 两侧移动步法组合。两侧移动步法实用范例见表3-3。

表3-3　两侧移动步法实用范例

步法组合	实用范例
跨步（小步或大步）	近身抽、接杀球
蹬步+跨步	远身接杀球、转身蹬跨接反手球
垫步+蹬步+跨步	靠边接杀球

（3）**起跳腾空突击步法**　主要运用于向左、右两侧稍后的位置移动，突然起跳拦截对方击来的弧线较低的平高球。它的特点是起动快、动作突然，常在对方尚未站稳之际，给其以袭击，使对方防不胜防。

当判断准来球飞向右侧底线且弧线较低时，右脚先向右后跨一步，接着左脚向右侧后蹬地，右脚起跳，身体向右侧后方跃起，截住来球，用正手击球技术扣杀或劈吊对方空当。当来球飞向左侧底线时，用右脚蹬地，左脚起跳，用头顶击球技术突击对方。

（4）**后退步法**　有右后场区后退步法和左后场区后退步法。右后场区后退步法主要是正手的后退步法；左后场区后退步法包括头顶后退步法和反手后退步法。不论是哪种后退步法，其移动前的准备动作和站位皆同上网移动步法。

① 正手后退步法（图 3-25）。正手后退步法有并步和交叉步两种。实战中可根据场上情况和个人特点灵活使用。

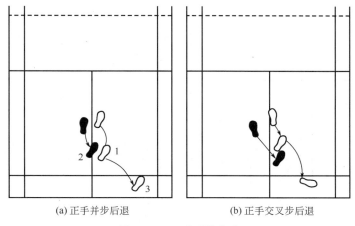

(a) 正手并步后退　　　　　　　(b) 正手交叉步后退

图 3-25　正手后退步法

判断准来球后，先调整重心至右脚，然后右脚蹬地迅速向右后撤一小步，同时上体右转，左肩对网，接着左脚并步靠近右脚（或从右脚交叉后撤一步），右脚再向后移至来球位置。在移动的同时，必须完成挥拍击球前预备动作，待球在右肩上方下落时，做正手原地或起跳击球。击球后，身体重心随右脚前移，迅速用小步跑或并步回到中心位置。

② 头顶后退步法（图 3-26）。头顶后退步法是对方来球向左后场区，用头顶击球技术还击时所采用的后退步法。头顶后退步法也可用并步或交叉步后退。

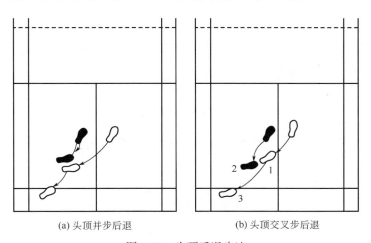

(a) 头顶并步后退　　　　　　　(b) 头顶交叉步后退

图 3-26　头顶后退步法

判断准来球后，右脚蹬地撤向左后方，同时，髋关节及上体向右后方转动（转动的幅度比正手后退要大些），且稍有后仰。接着，左脚并步或交叉步后撤，右脚再退至来球位置，用头顶击球技术击球。击球后，迅速回到中心位置。

③ 反手后退步法（图3-27）。反手后退时，应根据离球距离的远近来调整步子。如离球较近，可采用两步后退步法。一种是左脚先向左后方撤一步，接着，上体右转，右脚向左后方跨一步，背对网。另一种是右脚先向左脚并一步，然后，左脚向左后方跨一步，同时身体左转，右肩对网作反手击球。

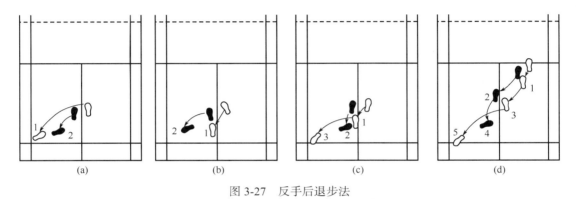

图3-27　反手后退步法

如离球较远，则要采取三步或五步后退步法。三步后退时，右脚先向左脚并一步，左脚再向左后方撤一步，同时上体左转，右脚再向左后方跨一步至来球位置，背对球网，作反手击球。如三步移动还未到来球位置，则左脚右脚再分别向后移动一步，即成五步移动步法。

④ 后退进攻步法。后退进攻步法实用范例见表3-4。

表3-4　后退进攻步法实用范例

步法组合	实用范例	步法组合	实用范例
垫步+跳步	自中心部位头顶杀球	垫步+并步+跳步	正手突击平高球
垫步+跨步	自中心部位跨步正手杀球	垫步+跨步+跳步	用交叉步打正手高球、吊球、杀球
并步+跳步	正手突击杀球		

⑤ 后退防守步法。后退防守步法实用范例见表3-5。

表3-5　后退防守步法实用范例

步法组合	实用范例
垫步+跨步	正手转身打低手位后场球
垫步+转身跨步	正手接杀球，反手接杀球，反手后场高球、吊球、杀球

⑥ 前后场连贯移动步法。连贯移动是指两个或两个以上击球动作之间的移动是连贯的，大致有两种。一种是战术目的明确或预测判断十分有把握的情况下步法移动迅速；另一种是双方互相还击的球速都比较快，如接杀抽-放网-勾-推，这样一类技术，运动员跑起来步法之

间衔接很快，也被认为是连贯的。其实，无论什么情况，两个技术动作之间的步法必然稍有停顿现象，节奏掌握得好，就不为人所注意。

击球动作与步法之间，步法与步法之间的节奏应避免停顿。击球以后急急忙忙赶回中心位置，站在那里静止地等待着对方的来球，这样并不好，因为从静止到运动既消耗体力又难以起动，这样的停顿是不可取的（有时也不可避免，尤其在双打，挑球后往往只好在那里等着，但双打防守范围较小），若要停顿，停顿的时间应该选择在对方即将击球的瞬间。需要注意两种情况。

a. 无论是进攻或是防守状态，有从容的时间回动到战略位置时，自身起动的时间宜控制在双脚到达战略位置点时正好是对方击球前的瞬间。这样可以利用身体原移动的速度，不会有静止过程。不论起动的方向是原来预想的还是判断后改变移动方向的，均有利于自己不盲目进行步法移动。

b. 在被动时，击球后来不及移动到有利的位置时，不论移动到哪里，自身的步法节奏也应调整在对方击球前的瞬间。

总之，步法有一定的移动规律，掌握了这个规律，在场上就显得轻松自如，但来球的落点是千变万化的，步法还要随机应变，灵活调整。这种调整并不破坏步法的规律性，而是使步法更灵活。

上述是羽毛球步法中最基本的几种步法，初学者在练习和比赛中，应按照要求去体会和掌握，并应该在比赛中不断地去摸索这些步子移动的规律，以适应比赛中瞬息万变的情况。

第四章

足球运动

第一节 足球运动基本技术

一、踢球技术与练习

踢球是运动员有目的地用脚把球击向预定目标的技术。踢球是足球技术中最重要的技术，主要用于传球和射门。踢球的方法很多，但主要有脚内侧踢球、脚背正面踢球、脚背内侧踢球、脚背外侧踢球。

1. 脚内侧踢球

它是用脚内侧部位触击球的方法。其特点是脚与球接触面积大，出球平稳准确，但力量较小。

（1）踢定位球　直线助跑，支撑脚踏在球的侧后方 15 厘米左右处，膝微屈。摆动腿以髋关节为轴由后向前摆动，膝盖外展，脚跟前顶脚尖稍翘起，脚内侧正对出球方向。击球时，踝关节紧张，脚掌与地面平行，用脚内侧部位击球后中部（图 4-1、图 4-2）。

图 4-1　脚与球的位置

图 4-2　踢定位球

（2）脚内侧踢地滚球　动作方法基本上和踢定位球相同。不同之处是，在支撑与摆腿击球的过程中要根据球滚动的方向速度做适当调整。

（3）脚内侧踢空中球　身体要正对来球方向。大腿抬起，小腿与大腿呈一定角度，脚内侧对正出球方向，利用小腿的摆动踢球的中部。如要踢出高球或低球，可踢球的中下部或中上部（图4-3）。

图4-3 脚内侧踢空中球

2. 脚背正面踢球

它是用脚背的正面部位触击球的方法。其特点是速度快，力量大，是最有杀伤力的射门方法。

（1）踢定位球 直线助跑，最后一步稍大并要积极着地，支撑脚踏在球的侧后方10～15厘米处，脚尖正对出球方向，膝关节微屈。在踢球腿完成最后一步蹬地时顺势向后摆起，膝弯曲，紧接着以髋关节为轴，由大腿带动小腿向前摆动，当膝盖摆至接近球的垂直上方时，小腿加速前摆，脚背绷直，脚趾扣紧，用脚背正面击球的后中部，击球后，踢球腿随球继续前摆（图4-4）。

图4-4 踢定位球

（2）脚背正面侧身踢空中球 首先要判断好球的运行路线并确定击球点，身体侧对出球方向，支撑脚跨上一步，脚尖指向出球方向，上体向支撑脚一侧倾斜，踢球腿大腿高抬接近与地面平行。然后以大腿带动小腿急速向出球方向挥摆，用脚背正面击球后中部。在摆腿踢球的过程中身体随之向出球方向扭转。踢球的刹那，两眼始终注视球。踢球后，面对出球方向（图4-5）。

图4-5 脚背正面侧身踢空中球

（3）脚背正面踢反弹球　身体正对来球反弹方向，支撑脚踏在球的侧方。当球落地时，踢球腿小腿急速前摆，在球刚反弹离地时，以脚背正面击球的后中部（图4-6）。

3. 脚背内侧踢球

它是用脚背内侧部位触击球的方法。其特点是摆速快、力量大、变化多，是比赛中运用最多的踢球方法。

踢球时斜线助跑，助跑方向与出球方向成45度。支撑脚以脚掌外沿积极着地，踏在球的侧后方10～20厘米处，脚尖指向出球方向，身体稍向支撑脚一侧倾斜。支撑脚着地同时，踢球腿以髋关节为轴，由大腿带动小腿向前摆动。当身体转向出球方向，膝关节摆至接近球的内侧垂直上方时，小腿加速前摆，脚尖稍外转，指向斜下方，脚面绷直，脚趾扣紧，用脚背内侧击球的后中部。击球后，踢球腿随球继续前摆（图4-7）。

图4-6　脚背正面踢反弹球

图4-7　脚背内侧踢球

4. 脚背外侧踢球

它是用脚背外侧部位（外侧几个跖骨的背面）接触球的踢球方法。比赛中，经常用脚背外侧踢定位球、弧线球或弹拨球等［图4-8（a）］。

踢球时，助跑、支撑脚的位置和踢球腿的摆动，基本上与脚背正面踢球相同，只是用脚背外侧接触球［图4-8（b）］。

图4-8　脚背外侧踢球

5. 踢球技术练习方法

（1）基本脚法练习

示例一：各种踢球的模仿练习。先做向前跨一步的踢球模仿练习，然后做助跑的踢球模仿练习。

示例二：一人踩球，另一人做跨步踢球练习和助跑踢球练习。主要体会支撑脚的选位和动作与摆腿的关系。

示例三：对墙踢球。开始距墙3～6米，踢球力量小些，然后逐渐加长距离和加大踢球力量，有目的地练习某个踢球方法。

（2）传球练习

将若干人分成2组，连续传一个球，每人传后跑回本组队尾或对方队尾；也可分成4组，站成"十字"交叉形传球。

（3）踢远踢准练习

示例一：将球放在罚球区线上，向站在中线附近的同伴用力踢球。

示例二：将球放在罚球区线上，向中圈踢高球，争取使球落于中圈内。练习时，可逐渐加长距离，缩小目标。

（4）射门练习

示例一：分组或不分组进行每人4次罚点球的射门比赛，可规定某种脚法或自选各种脚法射门。

示例二：运球几步至罚球弧内射门练习或自抛自射或射同伴抛来的反弹球入球门。

示例三：在离球门不同的角度区，自选合理的脚法射门，可有目的地练习弧线射门。

二、停球技术与练习

1. 脚底停球

（1）**停地滚球**　支撑脚正对来球方向，膝关节微屈，停球脚提起，膝关节自然弯曲，脚尖翘起高于脚跟（脚跟离地面不高于一球），踝关节放松，用前脚掌轻压球的中上部（图4-9）。

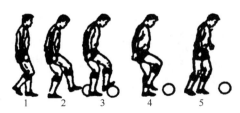

图4-9　停地滚球

（2）**脚底停反弹球**　支撑脚踏在球落点的侧后方，球着地一刹那，用脚前掌对准球的反弹路线，触球的中上部。

2. 脚内侧停球

（1）**脚内侧停地滚球**　支撑脚正对来球，膝关节微屈、停球腿屈膝外转并前迎。脚内侧对准来球。脚与球接触的刹那，踝关节放松后撤，缓冲力量，将球控制在衔接下一个动作的位置上（图4-10）。

图 4-10　脚内侧停地滚球

（2）**脚内侧停反弹球**　支撑脚踏在落点的侧前方，腿微屈，体稍前倾并向停球脚方向微转，停球脚提起，脚踝放松，用脚内侧对准球的反弹路线。当球落地反弹刚离地面时，用脚内侧推压球的中上部，将球停在控制范围内（图 4-11）。

（3）**脚内侧停空中球**　根据来球高度，将停球脚举起，膝关节弯曲，脚内侧对准来球。脚与球接触的刹那开始后撤，在后撤过程中用脚内侧接触球，将球停在便于衔接下一个动作的位置上（图 4-12）。

图 4-11　脚内侧停反弹球

图 4-12　脚内侧停空中球

3. 脚背外侧停球

停球时，停球脚稍提起，膝关节和脚内转，以脚外侧对正来球，在支撑脚的前侧接触球的侧后方（偏支撑脚一侧）。接触球时，要向停球脚一侧轻拨，把球停在侧方或侧后方。

4. 脚背停球

用脚背正面停空中下落球很方便，比较容易掌握。停球脚提起迎球，以脚背正面对准下落的球。在脚背与球接触的刹那开始下撤，在下撤过程中用脚背正面触球的底部，小腿和脚踝放松，使球落在体前适当的位置（图 4-13）。

图 4-13　脚背停球

5. 胸部停球

（1）**缩胸停球**　一般用来停与胸部同高度的平直球。停球时，面对来球，两脚前后开立，两臂自然张开,挺胸迎球。球与胸部接触的刹那,迅速收胸、收腹挡压球,缓冲来球力量,把球停在身前(图 4-14)。

(2)**挺胸停球** 一般用于停高于胸部的下落球。停球时,面对来球,两脚前后开立,两臂自然张开。球与胸部接触的刹那,挺胸、展腹、收下颌。上体稍后仰以缓冲来球力量,使球弹起落于胸前(图 4-15)。

图 4-14 缩胸停球

图 4-15 挺胸停球

6. 停球技术练习方法

(1)停地滚球练习

示例一:停迎面地滚球。两人对面站立,一人踢地滚球,另一人迎上停球。

示例二:对墙踢球,迎上去停反弹回来的地滚球。

示例三:跑动中停侧面来球。两人一组,相距 10～15 米。甲向乙两侧传球,乙跑动用规定部位停球,乙停球后再回传给甲。

(2)停反弹球练习

示例一:自己向上抛(踢)球,练习停反弹球。

示例二:两人互相抛,停反弹球。两人对面站立,一人抛一人停。

示例三:追停由身后传来的高球。两人一组,一人转身跑,停另一人由身后传来的高球。

(3)停空中球练习

示例一:自抛自停空中球。

示例二:二人互抛互接空中球,逐渐改变球的弧度、落点,使停球者练习移动停球。

示例三:停球者在对方半场中圈站立,守门员由本方罚球区抛发球至中圈附近,停球者用各种方法停空中球。

三、顶球技术与练习

顶球是足球运动中处理空中球的主要方法,分为前额正面顶球和前额侧面顶球。这两个部位都可以做原地顶球、跳起顶球和鱼跃顶球。

1. 原地前额正面顶球

身体正对来球方向,两眼注视来球,上体稍向上仰,两臂自然张开。顶球时,身体重心前移。迅速向前摆体、甩头,额部紧张,用前额正面顶球的后中部(图 4-16)。

2. 原地前额侧面顶球

两脚前后开立，膝关节微屈。上体和头部向出球相反方向稍转动。两臂自然张开，两眼注视来球。球运行到与出球方向同侧肩上方的刹那，后脚用力蹬地，上体迅速向出球方向扭摆，快速甩头，颈部紧张，用额侧部位击球的后中部（图 4-17）。

图 4-16 原地前额正面顶球

图 4-17 原地前额侧面顶球

3. 跳起前额正面顶球

双脚（或单脚）用力蹬地跳起，同时两臂屈肘上摆，上体后仰成弓形，两臂自然张开，两眼注视来球。当球运行到与身体垂直时，快速收腹，折体前屈并甩头，颈部紧张，用前额正面将球顶出。

4. 跳起前额侧面顶球

起跳、落地动作基本同跳起前额正面顶球相同。所不同的是，球员要用额侧部位将球顶向预定目标。

5. 顶球练习方法

（1）原地顶球

示例一：做各种顶球模仿练习。

示例二：一人双手持球至适当高度，另一人用额正面、额侧面顶球。

示例三：自抛互抛顶球。①自己向空中或对墙抛球，待球下落或弹回时练习对墙顶球。②两人一组，一人抛球一人顶球。③三人一组相互抛球，练习前额正面、侧面顶球。

（2）顶球射门

示例一：跑动中正面顶球射门。练习顶球队员持球站在罚球弧附近，将球掷给站在球门内或球门两侧的同伴，同伴接球后再抛至罚球点附近，练习者冲上用头顶射门。

示例二：原地站立或跑动中额侧顶球射门。顶球队员站在球门或罚球区角附近，另一人由其正前方抛球，顶球人原地或跑上用额侧顶球射门。

（3）跳起顶球

示例一：两人一组，相对站立，一人抛球，另一人原地跳起顶球，也可做上步或退步跳起顶球。

示例二：边线传中，中间插上做原地、跑动或跳起额正面、额侧顶球，主要领会判断球的落点和跳起顶球的时间。

四、运球技术与练习

在比赛中,为了变换进攻速度,调节比赛节奏,积极摆脱和突破对方的密集防守,创造传球和射门的机会,就必须熟练地掌握运球技术。

1. 脚背正面运球

跑运时,身体自然放松,上体稍前倾,两臂自然摆动,步幅不宜过大。运球脚提起时,膝关节弯曲,脚跟提起,在迈步前,用脚背正面推球前进。

2. 脚背外侧运球

跑运时,身体自然放松,上体稍前倾,两臂自然摆动,步幅要小些。运球脚提起时,膝关节弯曲,脚跟提起,脚尖稍向内转。在迈步前,用脚背外侧推拨球(图4-18)。

图 4-18　脚背外侧运球

3. 脚背内侧运球

跑动时身体自然放松,步幅要小些,上体前倾并稍向运球方向转动。运球脚提起时,膝关节稍弯曲,脚跟提起,脚尖稍外转。在迈步前伸着地前,用脚背内侧推拨球。

4. 脚内侧运球

运球时支撑脚向前跨出一步,踏在球的前侧方,膝关节稍弯曲,上体前倾并向里转。随着身体向前移动,运球脚提起,用脚内侧推球的后中部(图4-19)。

图 4-19　脚内侧运球

5. 运球练习方法

示例一:走和慢跑中用单脚或两脚交替运球。

示例二:排成二列横队,两臂间隔散开。开始练习时,第一排右脚脚背外侧向前直线运球15米,返回时改用左脚。到达起始线,第二排交换运球。

示例三:沿中圈运球。队员分成两组,成一路纵队面向圈外站立。各组第一人按同一方向沿圆圈运球前进,到起点时将球交给本组第二人继续运球。

示例四:中圈内变向自由运球。队员分两组,站在圈内,一组运球,另一组在圈内站立或自由走动。运球人尽量避开走动人,两组交替练习。

五、抢截球

1. 正面抢截球

两脚前后开立,两膝稍弯曲,重心下降落在两脚上,面向对手。当对手运球脚触球后即将着地或刚着地时，支撑脚立即用力蹬地。抢球时以脚内侧对着球跨出，膝关节弯曲，踝关节紧张，身体重心移到抢球脚上，乘机将球抢过来。如果双方的脚同时触球时，则要顺势将触球脚向上提拉，使球从对手脚背滚进，身体迅速跟上，把球控制住（图 4-20、图 4-21）。

图 4-20　正面抢截球一

图 4-21　正面抢截球二

2. 侧面合理冲撞抢球

当与对手并肩跑动时，身体重心稍下降，同对方接触一侧的臂要紧贴身体。当对方靠近自己一侧的脚离地时，用肘关节以上部位，冲撞对方相应部位，使对方失去平衡，乘机将球抢过来（图 4-22）。

图 4-22　侧面合理冲撞抢球

六、掷界外球

1. 原地掷界外球

面对掷球方向，两脚前后或左右开立，膝关节弯曲，上体后仰成背弓，两手置于头后。掷球时，用力蹬地，收腹屈体，两臂急速前摆。用力甩臂将球掷入场内，掷球时，两脚均不得离地（图 4-23）。

图 4-23　原地掷界外球

2. 助跑掷界外球

双手持球于胸前，在助跑迈出最后一步时，上体后仰成背弓，同时将球举至头后。掷球时的动作与原地掷界外球动作相同。

七、守门员技术

1. 准备姿势

两脚左右开立，约与肩同宽，两膝自然弯曲稍内扣。脚跟稍提起，身体重心落在前脚掌上，上体稍前倾。两臂体前自然屈肘，手指自然张开，掌心向下，两眼注视来球（图 4-24）。

2. 移动

向左右调整位置的移动，一般采用侧滑步和交叉步两种步法。

图 4-24　准备姿势

3. 接球

（1）**接地滚球**　有直腿式和单腿跪撑式两种。单腿跪撑式：身体正对来球，两脚左右开立，一腿弯曲支撑身体重心，另一腿内转跪撑，膝盖接近地面并靠近前脚脚跟，上体前屈，手臂下垂，两手小指相对，手掌对准来球，稍向前迎，在手触球的刹那，两手随球后引并屈肘、屈腕，两臂靠近，将球抱于胸前，然后起立（图 4-25）。

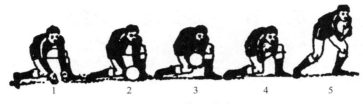

图 4-25　接地滚球

（2）**接齐胸高的平直球**　身体正对来球，两臂屈肘并稍上举，两拇指相靠，手掌对球。当手触球时，手腕手指适当用力，同时屈臂后引，翻掌将球抱于胸前。

（3）**接高球**　选好接球点，并迅速移动跳起，两臂上伸迎球，两手拇指成八字形，手掌对球（图 4-26）。当手触球时，手腕手指适当用力将球接住，同时屈肘、回缩下引，顺势翻掌将球抱于胸前（图 4-27）。

图 4-26　接高球手动作

图 4-27　接高球动作

4. 扑球

扑球有倒地扑两侧低球、跃起扑侧面地滚球、扑侧面平高球和扑脚下球。

5. 拳击球

在守门员没有把握接住球或对方猛烈冲门的情况下，可采用拳击球。拳击球有单拳击球和双拳击球两种方法。

（1）**单拳击球**　动作灵活，活动范围大，击球点高，击球力量大，多用于击两侧的传中球和高吊球 [图 4-28（a）]。

（2）**双拳击球**　接触球的面积大，准确性高，多

图 4-28　拳击球

用于击正面高球或平高球[图4-28（b）]。

6. 抛踢球

抛踢球是守门员把获得的球直接传给远离自己同队队员的技术动作。抛踢球是踢自抛的下落空中球，其脚法与脚背正面踢球基本相同。要求守门员向前上方踢，要踢得远。

第二节　足球运动基本战术

一、足球进攻战术

1. 小组进攻战术

小组进攻战术是由两名或两名以上的球员完成进攻配合的战术。两人之间的进攻配合是足球比赛中运用最多也是最基础的足球小组进攻战术。这种战术是通过两名进攻球员间的传球和跑位来突破对方队员的防守，这种战术也被通俗地称为"二过一"。

（1）**直传斜插"二过一"**　这种小组进攻战术是指一名进攻队员运球接近防守队员后以横传或斜传的方式将球传给在旁边接应的进攻同伴，在传出球的同时快速起动斜插防守队员身后，接球同伴再将球传回原拿球队员。如图4-29所示，8号运球接近防守队员4号时，横传球给同伴7号，斜插接7号的直传球。

（2）**斜传直插"二过一"**　这种小组进攻战术是指一名进攻队员运球接近防守队员后以横传或斜传的方式将球传给在旁边接应的进攻同伴，在传出球的同时快速起动直插防守队员身后，接球同伴再将球传回原拿球队员（图4-30）。

如图4-30所示，8号队员运球接近防守队员3号，把球传给同伴7号队员，传球后突然起动，摆脱3号直插接7号队员的斜传球。

图4-29　直传斜插"二过一"

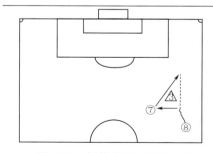
图4-30　斜传直插"二过一"

（3）**踢墙式"二过一"**　这种小组进攻战术是指一名球员的作用如"墙"一样，传球队员通过这名同伴的中介作用进行过人。传球队员将球传出后即向防守队员身后插，球传至当"墙"的队员脚下后，该球员即传球至防守队员身后给原传球队员。

如图 4-31 所示，8 号队员向同伴 9 号脚下传球，9 号直接传出，球好像碰在墙上，弹向队员 3 号背后的空当，8 号快速切入接球。

（4）**回传反切"二过一"** 这种小组进攻战术是指一名进攻队员拿球后因防守队员逼抢较紧而运球回撤，将球回传给接应的同伴后，反身向防守队员身后插再接同伴的传球。

如图 4-32 所示，11 号回撤迎接球，防守队员 2 号紧逼，11 号将球回传给同伴 10 号后，转身反切接 10 号传至 2 号身后空当的球。

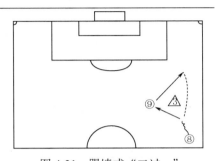

图 4-31 踢墙式"二过一"

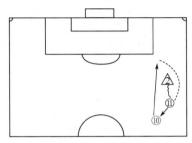

图 4-32 回传反切"二过一"

2. 全队进攻战术

全队进攻战术较之上面提到的小组进攻战术涉及的球员人数要多，涉及球场的面积要广，在具体的配合方法上也变化较多。从进攻发生的场域可将全队进攻战术分为边路进攻战术和中路进攻战术。根据进攻发生的方式可将全队进攻战术分为快速反击进攻和阵地进攻。

（1）**边路进攻战术** 球队在边路对对方发起进攻的原因在于中路一般都密集了对方大部分的防守力量，从中路进行直接进攻的难度较大。如果在中路进攻失败就可能给对手直接反击的机会，所以边路进攻就成了一种选择。

边路进攻的主要方式有边路传中和由边路向中路渗透转为中路进攻两种。无论是哪种边路进攻方式或是直接的中路进攻或是中路球员接边路传球后进行中路进攻，都离不开中路球员的支持接应。由上可知，所谓的边路进攻也不外乎是谋求中路进攻的一种手段和方式。

如图 4-33 所示，后卫 2 号传球给边锋 7 号，7 号得球斜传给中锋 8 号后再跑上接 8 号斜传球，7 号得球下底传中，也可以下底回传或直接运球切入罚球区进行射门。

（2）**中路进攻战术** 球场的中路是实施进攻的开阔地，一般球队在中路都安排有较多的队员，中场队员相互之间距离较近，可以运用一些小组进攻战术进行进攻。

但是纯粹的中路进攻因为防守技术的提高、防守战术的运用而在现代足球中已经变得越来越难了，经常可以在比赛中看到的是进攻方将球从中路进攻转到边路进行进攻，然后再从边路将球传至中路，利用不停地扯动对方的防守阵型寻找防守空当或利用防守中的失误进行中路的进攻。如图 4-34 所示，守门员发动进攻传球给 6 号，6 号传球给 9 号，9 号又传球给 8 号，8 号与 9 号作"二过一"配合切入射门。

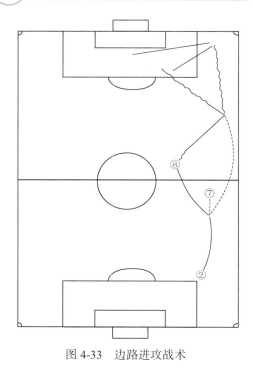 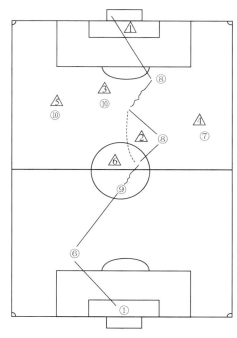

图 4-33　边路进攻战术　　　　　图 4-34　中路进攻战术

（3）快速反击进攻　快速反击进攻是指一个队在获得球权后利用对方还来不及组织严密的防守阵型时，快速将球传给中、前场有利位置的球员进行攻击。这种快速反击的机会在突然地抢断或瓦解了对方的一次进攻后就会出现，相对于下面要提到的阵地进攻，快速反击进攻的效率更高、效果更好，所花费的时间和进攻力量更少。

（4）阵地进攻　阵地进攻是指在对方已经建立起严密的防守阵型后，进攻球队从后场利用传接球层层推进至前场的进攻方式。这种进攻方式的难度较之快速反击进攻要大得多，所花费的时间和进攻力量也要多得多，较难获得进球。在阵地进攻时就需要利用上面提到的边路进攻和中路进攻相结合的方式来进行攻击。

3. 定位球进攻战术

定位球进攻战术是指比赛死球时所采用的进攻战术配合，它包括中圈开球、角球、球门球、掷界外球、任意球、点球等的进攻战术配合。定位球进攻战术在现代足球中的地位已经显得越来越重要了，统计显示定位球率占总进球数的 31.7%，其中进攻三区的任意球占 43.1%。在比赛中我们经常可以看到，在双方的攻守都处于僵持阶段时往往是定位球影响到场上局势，而在两支强队的争夺中凭借定位球的进球而决定最终结果的战例也屡见不鲜。

定位球之所以有正常进攻所不具备的优势，主要是因为在执行定位球时均是在死球状态下进行的。除掷界外球外，对手至少距球 9.15 米以外，防守者没有办法对罚球者进行紧逼盯防，所以进攻方可以按照事先演练的一些战术布置进行定位球的进攻。由于定位球除界外球均是在死球状态下进行的，所以进攻方可以有更多的球员投入到进攻中去，这给对方防守施加了更大的难度。另外一个重要的方面还在于，现代高科技使球员可以踢出更高质量的弧线球，这也是定位球的得分率有了很大提高的一个重要原因。

二、足球防守战术

1. 小组防守战术

小组防守战术是指由两名或两名以上的球员进行防守配合的战术。在比赛中经常运用的小组防守战术有保护、补位和围抢等。

（1）**保护** 是指一名防守队员在第一防守人（直接对对方球员进行盯防的球员）身后为其提供防守增援，通常也被称为是第二防守人。

现代足球所倡导的"全攻"战术思想必然要求球队采取"全守"的防守战术，而在这种"全守"的战术体系中，保护是非常重要的防守组成部分。保护的重要作用主要体现在当进攻球员突破第一防守人的防守时，第二防守人也就是提供保护的同伴可以马上承担起第一防守人的责任，遏制进攻球员的进一步突破。而当第一防守人成功实施了防守战术得到球权时，第二防守人又立刻成为进攻接应者。保护的第三个重要作用体现在精神作用上，当第一防守人看到有人对其防守提供位置和语言支持时，就会增强其防守的信心甚至可能会化被动防守为主动出击，而第二防守人的站位也会对进攻者产生心理压力，使其不敢贸然进攻。

（2）**补位** 是相对于失位讲的，当队员在对方进攻时没有能够出现在自己的防守位置时就是失位。为了防止进攻方利用这一防守空当，巩固防线就需要有就近位置的球员对这个空位进行补位。由于进攻回防不及或因为对方进攻战术而造成失位的情况在足球场上是非常多的，如果说足球是一项失误的比赛，那么这些失误在很多是球员的防守失位。进行球员相互间的补位是弥补这些失误的重要手段。这种补位的行为也是团队协作精神和团队凝聚力的最好体现，体现了球员之间相互协作、相互配合的精神。

（3）**围抢** 是指几名防守队员对局部区域内的控球和接应队员进攻围堵和抢断。在局部区域进行以多防少紧逼对方控球和接应球员，对其施以最大的防守压力，以达到破坏进攻甚至断球后反守为攻的目的。

2. 全队防守战术

在足球比赛中经常采用的全队防守方法有：人盯人防守、区域防守、混合防守和制造越位。

（1）**人盯人防守** 最早的人盯人防守可以追溯到现代足球的早期，在最早出现的讲究攻守平衡的"WM"阵型中球员们采用的就是人盯人防守。现在已经没有球队在比赛中只单一地使用人盯人了，虽然有时候有的球队也安排一名防守队员以人盯人的方式对对方领头人物进行盯防。

（2）**区域防守** 指的是每名防守队员都负责一定的防守区域，当有进攻球员进入该区域时就对其实施盯防，而当进攻队员离开该区域后防守队员也一般不越区防守。这种防守的优点在于球员有比较固定的防守位置，但在进攻交换进攻位置时，如果两名防守队员配合不够默契，可能会产生一定的防守空当。

（3）**混合防守** 将人盯人防守和区域防守结合起来，在实施区域防守的基础上对对方重点人物实施人盯人防守。混合防守最早见于瑞士人 Karl 在 19 世纪 60 年代所设计的阵型中，当时他为了率领他的业余球队抵抗职业球队，实施了混合防守以弥补球员们在技术和体能上的差距。现在很多球队在比赛中采用这种防守方式。

（4）**制造越位** 是一种特殊形式的防守战术，它利用足球比赛中的越位规则使进攻队员处于越位位置，从而瓦解对方进攻。制造越位的防守战术是一种相对来说可以花费较少防守资源而达到较好防守效果的战术。这种战术只有在后卫线和防守球员之间配合十分默契、动作协调一致的情况下才能够实施。但是这种防守战术是比较冒险的一种防守战术，碰到有经验的进攻球员或是裁判员的某一次误判，都有可能给后防线带来灾难性的后果，所以在使用时要小心谨慎。

3. 定位球防守战术

在前面关于定位球进攻的介绍中我们已经讲到了为什么定位球的进攻在当今的足球比赛中越来越重要，同样的原因也可以用来解释为什么定位球的防守越来越困难。因为定位球特别是球门区前沿的任意球离球门的距离非常近，防守方所要面对的进攻球员的人数较多，同时防守方只能被动地面对进攻方事先已经演练熟练的进攻战术的攻击。在此基础上各队又分别训练脚法，力量突出的队员成为任意球、角球、罚点球和掷界外球的能手，试图将定位球的威力发挥到极致，这都在不同程度上增大了定位球防守的难度。

但是定位球防守也并非毫无办法，只要平时球员个人和球队能够在训练中认真地进行准备，也可以大大提高定位球防守的成功率。首先，个人和全队都必须在统一严明的纪律指挥下进行定位球防守。每个球员都必须积极参与定位球的防守，各守各位、各尽其责，绝对不允许有因为个人原因不参与定位球防守的思想。其次，在训练时要根据对手情况认真准备、组织定位球的防守。如果对方球队中有身材高大、头球好的球员就必须在对方罚定位球时派专人对其进行盯防。最后，要认真对待对方的每一次定位球，提高警惕性和注意力。如果能够对快速发出的任意球进行干扰，加强对进攻人员的盯防，将大大降低被对手打个措手不及的可能性。

三、几种常用足球比赛阵型简介

可以说现代足球的发展史也是足球比赛阵型的发展史。"九锋一卫"阵型是 19 世纪中期英国人创造的最初阶段的战术阵型，当时足球规则规定只要有进攻球员较之球更接近对方球门就是越位，所以一名防守队员足够抵挡对方九个前锋的进攻。1925 年关于足球越位规则的修改是足球规则修改史上重大的变革，它规定当守方有两人距离端线更近于攻方者不算越位。于是先后执教胡德斯菲尔德队和阿森纳队的赫波特·普曼，创造了足球史上第一个强调攻守平衡的"WM"阵型。

20 世纪 50 年代初匈牙利首创了四前锋阵型（"4-2-4"阵型），该阵型替代了"WM"阵型而风靡世界,这也被称为足球的第一次重大变革。1958年巴西队在瑞典举办的第6届世界杯上运用"4-2-4"阵型一举夺魁。"4-2-4"阵型作为一个以攻为主、攻守平衡的阵型被称为足球的第二次重大变革。1974年第10届世界杯赛上,以荷兰、联邦德国为代表,首创了崭新的全攻全守踢法即"1-3-3-3"阵型,这种阵型对球员的活动范围、职能和技战术和全队攻防一体化有了更高的要求,被称为足球的第三次重大变革。下面我们对几种常用的足球阵型进行一下介绍。

1."4-4-2"阵型

"4-4-2"阵型在后、中、前场的分布分别为后场4名队员,2名边后卫和2名中后卫,2名中后卫可前后站位;中场4名队员,他们的站位主要分为直线站位和菱形站位两种;前锋2名,这2名前锋可以是2名中锋或者是1名中锋1名边锋(图4-35)。

"4-4-2"阵型在中后场均安排4名球员,这对于巩固防守和争取中场的主动权都较为有利。在比赛中通过前锋的穿插跑动为前后卫的插上助攻拉开空当。防守中采用区域结合盯人防守,两名中后卫一人负责盯人另一人负责补防和调度。"4-4-2"阵型较好地解决了攻守平衡的矛盾,是球队采用较多的一种阵型。

2."3-5-2"阵型

"3-5-2"阵型在三条线上的人员分布分别为:后场2名盯人后卫和1名"自由人";中场5名球员分别为2名边前卫和3名中前卫,3名中前卫既可以在一条线上,也可以让1名队员充当防守或进攻型中场队员;前场2名前锋,其中1名充当游动前锋(图4-36)。阵型的特点在于中场人数多力量强,这对于控制中场和场上比赛有很大帮助。球队一般采用压迫式打法在中前场就对对手进行逼抢,进攻时边前卫的助攻是球队的一大手段。这种阵型安排对球队和球员在技术、战术和体能上的要求很高。

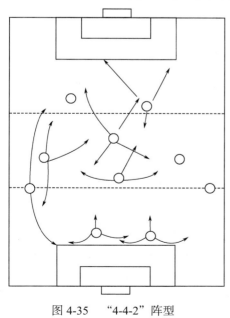

图4-35 "4-4-2"阵型

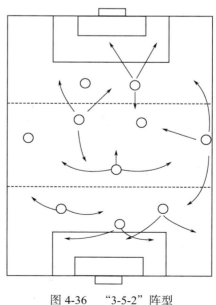

图4-36 "3-5-2"阵型

3. "5-3-2" 阵型

"5-3-2" 阵型与"3-5-2" 阵型在比赛中经常相互转换,"3-5-2" 阵型在防守时 2 名边前卫后撤就成了"5-3-2" 阵型,而当"5-3-2" 阵型在进攻时 2 名边后卫压上就变成边前卫,阵型也随之变成了"3-5-2" 阵型(图 4-37)。

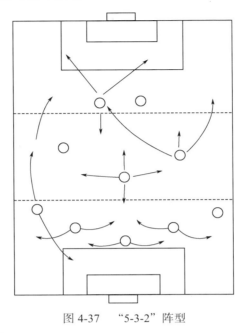

图 4-37　"5-3-2" 阵型

"5-3-2" 阵型在后防线上人员安排较多,中场人数不足,有可能在中场的争夺上处于劣势,这种阵型对于整体实力不强、擅长打防守反击的球队是一种比较好的选择。

拓展阅读

在举国同庆壬寅新春和北京第 24 届冬奥会胜利开幕之际,中国女足以 3∶2 逆转战胜韩国女足,以骄人战绩时隔 16 年第九次夺得亚洲杯冠军,这是荣誉的象征,也是中国精神的传承与弘扬。

铿锵玫瑰,国人骄傲。她们在赛场霸气十足,展现出中国女足的实力和水平,场上球员之间的配合可以说是"无缝衔接",不给对手一点机会,无论是进攻还是防守,都饱含必胜的信念,在这种精神的指引下,中国女足不负众望,取得了优异的成绩,让世界一起见证了属于她们的荣誉时刻。

铿锵玫瑰,传承不断。今天的中国女足用实践、用奋斗、用成绩证明了她们的实力,通过赛事展现出她们的风采,那种顽强拼搏、敢于挑战、团结奋斗的体育精神在她们的身上完美地展现出来。新时代的伟大荣光需要一代又一代像中国女足这样的"继承者""弘扬者""开创者""引领者"来创造,一起向未来!

第五章

篮 球 运 动

第一节 篮球基本技术

一、移动

移动,是队员为了改变位置、方向、速度和争取高度、空间所采用的各种脚步动作方法的总称。

1. 移动的基本技术

(1) **基本站立姿势** 两脚前后或左右开立,两脚与肩同宽或稍宽,两膝微屈,重心保持在两脚之间,上体略向前倾,两臂自然屈肘下垂置于体侧,抬头、收腹、含胸,两眼注视场上情况。

(2) **起动** 起动是队员在球场上由静止状态变为运动状态的一种动作,是获得位移初速度的方法。

动作要领:向前起动是用后脚的前脚掌短促有力地蹬地,重心前移,上体前倾,迅速向前迈步。起动后的前两三步要短促而迅速。向侧起动是用异侧脚的前脚掌用力蹬地,同时上体迅速向起动方向侧转并前倾,重心跟随移动,迅速向跑动方向迈步。步法同向前起动。

(3) **变向跑** 变向跑是队员在跑动中突然改变方向的一种脚步动作。

动作要领:以右向左变向跑为例,队员跑动中最后一步用右脚前脚掌制动,同时脚内侧蹬地,屈膝,脚尖稍向内扣,腰部随之左转,重心左移,上体稍前倾,同时左脚向左前方跨出一小步,右脚再迅速向左脚的侧前方跨出一大步。

(4) **侧身跑** 侧身跑是为了观察场上情况并随时准备接侧后方传来的球而经常采用的跑动方法。

动作要领:脚尖和膝盖对着跑动方向,头和腰部向球的方向扭转,侧肩,上体和两臂放松，随时观察场上情况。

（5）**急停** 队员在跑动中突然制动的一种动作方法，是衔接其他技术动作和摆脱对手的有效方法。急停包括跨步急停和跳步急停。

① 跨步急停动作要领。急停时的第一步跨出稍大，脚跟先着地然后前脚掌撑地，脚尖由向前方转为向侧前方，同时重心下降并先落在后脚上，身体稍向后坐，以减缓向前的冲力。第二步着地时，前脚掌内侧用力蹬地，脚尖稍向内转，两膝弯曲并内收，上体稍前倾，重心落在两脚之间。两臂屈肘张开，帮助控制身体平衡。

② 跳步急停动作要领。队员在跑动时用单脚起跳，两脚同时落地（两脚间距略比肩宽），前脚掌用力蹬地，两膝迅速弯曲，重心下降。两臂屈肘张开，帮助控制身体平衡。

（6）**转身** 转身是利用一只脚做中枢脚，另一只脚蹬地向不同方向跨移，改变原来身体方向的一种方法。

① 前转身。转身时移动脚向自己身前（中枢脚前的方向）跨出的同时，中枢脚碾地旋转使身体改变方向。动作要领：屈膝提踵，重心平稳。

② 后转身。转身时移动脚蹬地向自己身后（中枢脚后的方向）跨出的同时，中枢脚碾地旋转使身体改变方向。动作要领：两脚用力蹬地，重心平稳不起伏。

（7）**滑步** 队员防守时移动的主要步法。滑步一般分为侧滑步和前、后滑步。

① 侧滑步。两脚左右开立，两臂张开。向左侧滑步时，右脚前脚掌内侧用力蹬地的同时，左脚向左跨出一步，右脚在左脚落地的同时紧随滑动，重心保持在两脚之间。向右侧滑步时动作相反。动作要领：蹬、跨、滑。

② 前、后滑步。前、后滑步的动作方法和要领与侧滑步相仿，只是方向不同。

2. 移动技术的练习方法

① 听信号或看信号向不同方向起动。

② 原地运球，听、看信号做运球起动。

③ 在球场上按规定路线练习变速跑、变向跑、侧身跑、各种滑步等。

④ 两人行进间传接球中练习侧身跑。

⑤ 徒手或运球跑动中听、看信号做急停。

⑥ 原地练习转身或结合其他技术做练习。

二、传接球

进攻队员在原地或移动中，用手将球相互传递，称为"传接球"。

1. 传接球技术

（1）双手胸前传球

动作要领：两手五指自然张开，使两大拇指成八字形，用指根部以上部位持球，掌心空出。两肘自然弯曲于体侧,置球于胸腹部位,身体成基本姿势站立,脚分前后。传球时,目视传球方向,两臂前伸,手腕由下向上转动,再由内外翻,急促抖腕,同时拇指用力下压,食、中指用力弹拨,将球传出。出球后手心和拇指向下,其余四指向前。远距离传球,则需用力蹬地和腰腹的协调用力。

（2）单手肩上传球

动作要领：（以右手为例）双手胸前握球,两脚前后站立,左脚在前,左肩对传球方向,将球引至右肩,右手执球,肘关节外展,右手腕后仰,指根以上托球,掌心空出,重心落在右脚上。传球时,右脚蹬地,转体,前臂迅速向前挥摆,手腕前屈,通过拇指、食指、中指拨球,将球传出。球出手后身体重心随之移到左脚上。

（3）单手胸前传球

动作要领：持球手法与单手肩上传球相同（以右手为例）,将球由胸前引到体前右耳侧,传球时振动前臂,手腕急速前扣并向内翻,同时食指、中指、无名指用力拨球,将球传出。

（4）双手头上传球

动作要领：双手持球举于头上,两肘稍屈,持球手法与双手胸前传球相同,传球时小臂前挥,手腕前扣外翻的同时,拇指、食指、中指用力拨球。传球距离较远时,脚蹬地,腰腹用力,全身协调发力,将球传出。

（5）接球

动作要领：接球分双手接球和单手接球两种。不论哪一种接球,眼睛都要注视球,肩臂放松,手臂要半屈迎向球,手指自然分开。当手指触球时,手臂立即随球后引缓冲来球力量,将球握于胸前,保持身体平衡,并做好投篮、传球、突破的准备。

2. 传接球技术的练习方法

① 两人一组,相对站立,做各种传接球练习。

② 三人一组成等边三角形站立,相距3～5米,采用各种方法传球。

③ 两人一组,一人原地向另一人前、后、左、右方向传球,另一人移动接球。

④ 全场二人行进间传接球练习。

⑤ 两人传球,一人防守进行练习。

三、投篮

投篮是进攻队员为了将球投入球篮而采用的各种专门动作方法的总称,是篮球运动的主要进攻技术,是得分的唯一手段。

1. 投篮的基本技术

（1）原地双手胸前投篮　双手握球使高度在肩部附近,握球手法与双手胸前传球相同,肘关节自然下垂,上体稍前倾,两脚前后或左右站立,两膝微屈,重心落在两脚之间,目视投篮目标。投篮时，两脚前脚掌蹬地，腰腹伸展，同时两臂向前上方伸出，两臂即将伸直时两手腕同时外翻，拇指向前压送，指端拨球，以拇指、食指、中指的力量将球投出，最后腿、腰、臂自然伸直（图5-1）。

图 5-1　原地双手胸前投篮

（2）**原地单手肩上投篮**　以右手为例，右手五指自然分开（手心空出），指根以上部位触球，向后屈腕、屈肘持球于肩上耳部位置，肘内收，前臂与地面接近垂直，左手扶球的左侧，右脚稍前，左脚稍后，重心放在两脚之间，两膝微屈，目视投篮目标。投篮时，两脚前脚掌用力蹬地，伸展腰腹，抬肘，手臂上伸，即将伸直时，手腕用力前屈，手指拨球，以中指和食指的指端将球投出。球出手后，腿、腰、臂自然伸直（图5-2）。

图 5-2　原地单手肩上投篮

（3）**行进间投篮**

① 行进间单手高手投篮。

动作要领：（以右手为例）右脚跨出一大步，在没落地前接球，右脚落地后左脚向前跨一小步（缓冲向前的水平冲力），并用力蹬地向上起跳，同时举球于肩上（或头部以上）。当身体至最高点时，前臂向前上方伸展，即将伸直时手腕前屈，食、中指用力拨球，通过指端将球拨出，出手要柔和。

② 行进间单手低手投篮。

动作要领：（以右手投篮为例）右脚跨出一大步，在落地前接球，左脚紧接跨出，步幅稍小，不要减速，有力蹬地向前上方起跳，同时双手持球移至体右耳侧上举，左手离球，右手掌心向上托球，向球篮方向伸出，接着向上屈腕，食指、中指、无名指向上拨球投出（图5-3）。

图5-3　行进间单手低手投篮

（4）**原地跳起单手肩上投篮**　简称跳投，是跳起在空中完成投篮动作，具有突然性、出手快、出手点高、不易防守的特点。

以右手为例，两手持球于胸前，两脚前后或左右自然站立，两腿微屈，重心在两脚之间。起跳时两腿迅速屈膝，前脚掌用力蹬地向上起跳，同时迅速举球于头侧上方（起跳和举球动作要协调一致），用右手托球，手腕后屈，左手扶球。当身体接近最高点时，左手离球，右臂伸向前上方，即将伸直时，手腕用力前屈，食、中指拨球，通过指端将球投出，手臂向出球方向自然伸直。落地时屈膝缓冲，保持身体重心稳定。

（5）**运球、接球急停跳起投篮**（图5-4）　运球、接球急停跳起投篮时，可采用跳步或跨步急停动作方法，停步同时双手随起跳持球上举，当身体至最高点时辅助手离球投篮，臂向前上方伸直，手腕前屈，食、中指用力拨球将球投出。

图5-4　运球、接球急停跳起投篮

动作要领：急停突然重心稳，起跳举球紧相随，最高点出手要记准。

2. 投篮技术的练习方法

① 徒手做各种投篮动作的模仿练习。

② 两人相互对投，练习原地单手肩上投篮。

③ 原地单手肩上投篮，距离由近到远。

④ 半场运球行进间单手高手投篮和低手投篮。

⑤ 行进间接传球单手高手投篮和低手投篮。

⑥ 原地跳起单手肩上投篮，距离由近到远。

四、运球

持球队员在原地或移动中，用单手连续按拍借助地面反弹起来球的技术，称为"运球"。

1. 运球的基本技术

（1）**高运球**　多用于快速运球，提高运球高度加大反弹距离，与快速奔跑相结合。

动作要领：膝微屈，上体稍前倾，目视前方，手按球的后半部，球落点在人的耳侧前方（根据速度快慢决定运球距离远近），球的反弹高度在腰胸之间，手脚要协调配合。这种运球身体重心较高，便于观察场上情况。

（2）**低运球**　如果运球接近防守队员或防守队员来抢球时，运球队员应改用低运球突破对手，用身体保护球，并善于运用假动作摆脱防守。

动作要领：两脚前后开立，两膝弯曲，上体稍前倾，抬头看前方。重心落在前脚掌上，手腕放松，手掌与地面平行，五指自然分开。用手指和指根按、拍球。手心空出，以肘关节为轴，前臂做上下伸压动作，结合手指、手腕缓冲球向上反弹力量以控制球的高度和落点。一般运球落点应为运球手同侧脚的外侧稍前，运球高度在膝关节以下。为了保护球，运球者应该使球、自己和防守者三者保持一条线，不运球的手臂要抬起。行进间低运球，向前时要拍球的后半部；向左变向时拍球的右半部；向右侧则反之。

（3）**运球急停急起**　当对方防守盯得很紧，不能用快速运球超越对手时，运用运球速度上的突然变化，急停、急起摆脱对手；或原地静止状态运球，突然急起来超越对手。关键是动作突然，人球一致。

动作要领：运球急停要领与不持球急停相同。运球急停时，手拍按球的上方稍靠前，使球与地面成垂直反弹，用异侧臂和身体保护球。起动时，后脚前脚掌偏内侧用力蹬地，上体前倾，重心前移，同时拍按球的后上方，利用起动速度，超越对手。

（4）**体前变向运球**（图 5-5）　队员在行进间快速运球，不与对手接近或对手迎上堵截，可选用改变运球方向来突破对手。以从对手右侧突破为例，当快速直线运球即将接近对手时，先向对方左侧运球，使对手误认为向其左手突破，当对手堵截左方或重心稍有移位，运球队员立即向左侧变向，右手按球的右后上方，将球由自己的右侧运至左侧前方，同时右脚迅速向左前方跨出，脚落点在对手右脚侧面，脚尖向前，右脚跨步的同时上体向左转，用肩背挡住对手，然后换左手按球后上方，同时左脚用力蹬地、加速，超越对手。

图 5-5　体前变向运球

（5）**运球后转身**（图 5-6）　以右手运球为例，当对手逼近自己的右侧时，左脚上步置于对手两腿之间，以左脚为轴，左脚脚内侧蹬地，同时，后转身将球拉引向自己身体左侧，用身体背部挡住对手，左脚迅速上步加速。依据场上情况左手与右手均可运球以从对手右侧突破。

动作要领：上步快，转体稳，转引变向球近身。

2. 运球技术的练习方法

图 5-6　运球后转身

① 一人一球，原地做高、低运球，侧身做体前换手变向运球、运球转身等练习。

② 一人一球，沿球场边线、端线做运球急停、急起，侧身体前换手变向运球、运球转身等练习。

③ 一人一球，做侧身体前换手变向运球、运球转身突破障碍物等练习。

④ 圆圈运球。

⑤ 后转身运球或背后换手变向运球。

⑥ 结合传球、投篮、突破的运球。

五、持球突破

持球突破是持球队员运用脚步动作与运球技术相结合，达到超越对手的一种进攻技术。

1. 持球突破技术

（1）**交叉步持球突破**（图 5-7）　以右脚做中枢脚为例，两脚左右开立，两膝弯曲，两手持球于胸腹间。突破时，左脚前脚掌内侧用力蹬地，上体向右转移，左肩向前下压，左脚向右侧前方跨出,在右脚离地前,运球在左脚的右侧前方,右脚迅速蹬地跨步超越对手。

动作要领:转体、侧肩、加速。

图 5-7　交叉步持球突破

(2)**顺步持球突破**(**图 5-8**)　也称同侧步持球突破。以左脚做中枢脚为例,两脚左右开立,两膝弯曲,两手持球于胸腹间。突破时,右脚向右前方跨出一步,同时向右转体侧肩,重心前移,右手运球,左脚前脚掌用力蹬地向右前方跨出。

动作要领:转体、侧肩、加速。

图 5-8　顺步持球突破

2. 持球突破技术的练习方法

① 一人一球,原地模仿练习。

② 两人一球,一攻一守做持球突破练习。

③ 接正面或侧面的传球做急停接持球突破。

④ 原地持球突破练习,掌握交叉步突破和同侧步突破的动作方法。

⑤ 向前、侧方抛球,然后做跳步接球突破练习。

⑥ 突破与加速运球投篮结合练习。

六、防守对手

防守对手,是指队员在防守时,为了阻挠和破坏对手的进攻,达到夺球反攻的目的所采取各种专门动作方法的总称。

1. 防守无球队员

在篮球比赛中，防守队员大部分时间是防守无球队员，防守无球队员的主要任务是不让对手在有效攻击区内接到球。尽可能抢、断传自己对手或穿越自己防守区域的球。

（1）**防守无球队员的基本要求**

① 防守队员必须随时占据"人球兼顾"的位置。

② 及时堵卡对手的传球移动路线，随时做好抢断传给对手球的准备。

③ 必要时大胆放弃自己的对手，协助同伴完成集体配合防守任务。

（2）**防守无球队员基本位置选择**　防守队员要根据对手、球篮、球的位置和距离，以及对手的身高、速度、进攻特点、战术需要和自己的防守能力来确定防守位置和距离。防守外围无球队员时，应站在对手与球篮之间偏向有球一侧的位置上。防守篮下高大中锋时，应根据实际情况和战术需要，采用贴近对手一侧或绕前、绕后的防守。

（3）**防守无球队员的姿势选择**　防守离球较近的对手，经常采用面向对手侧向球的站立姿势，近球侧的脚在前，堵截对手摆脱移动的接球路线。伸出前脚一侧的手臂，封锁接球路线。防守离球远的对手时，经常采用面向球侧与对手平行站立姿势。防守篮下高大中锋时，采用绕前防守。可经常采用高举双臂的姿势，以阻断中锋的接球路线。

（4）**防守无球队员的移动**　比赛中，无球队员不断向各个方向移动，静止站立是极短暂的。因此，对无球队员的防守大部分时间是在移动中进行的。在移动防守过程中，经常采取的移动步法有各种滑步、撤步、上步、转身、侧身跑等，并且都是在随时变化中运用，其目的为积极抢占有利位置，不让对手在有威胁的位置上接到球。

2. 防守有球队员

进攻队员一旦接到球，防守者要及时调整与对手的位置和距离。根据对手不同的进攻位置和特点，采用有所侧重的防守方法。

（1）**防投篮**　一只手轻贴对手身体，一只手抬起，扰乱对手的投球注意力，必要时跳起盖帽，但不要轻易就起跳，容易被对方假动作欺骗。

（2）**防突破**　身体保持好重心，稍微与对手拉开距离，一手向前平伸，全力注意对手的移动，及时封住对手的突破路线。

（3）**防运球**　与防守突破一样，防守时多前后移动，做抢球的动作，给对手压力。

3. 防守对手的练习方法

① 半场四攻四守。

② 半场一对一攻防练习。

③ 一攻一守，练习防投篮、防突破技术。

④ 全场一攻一守，练习防运球技术。

⑤ 半场二攻二、三攻三。

七、抢球、打球、断球

抢球、打球、断球是攻击性很强的防守技术，是积极防守战术的基础。

1. 抢球、打球、断球的基本技术

（1）**抢球**　是带有攻击性防守的重要技术之一，在对方动作迟缓，精神不集中或球保护不好的情况下，防守者都可以大胆地抢球。

动作要领：（以右手抢为例）抢球时要突然上步，靠近对手，同时伸出右臂右手迅速按在球上方（对方的两手之间），左手立即握住球的下方，右手下按球并将球向对方怀内旋转，左手用力协助转动。当球在对方手中转动时，右手加向回拉球动作，球即脱开对方双手，将球抢到手。

（2）**打球**　当队员持球、运球、投篮时，防守队员都可以出其不意地突然打球，也可以在集体防守的配合过程中，通过堵截、夹击、关门等方法打掉持球队员手中球。

① 自上而下打球。首先观察和判断好持球队员的情况，打胸前持球队员的球时（以右手打为例），右脚稍上步，同时右手迅速前伸，接近球时利用手腕全力向下挥动带动手指、手掌外侧的短速弹击力量将球击落，动作需小，出击突然。

② 自下而上打球。当对方注意力不集中或接高球正要下落时，用这种打球方法。（以左手打为例）左脚稍向前移，同时左手前臂向前伸，掌心向上，接近球时，手腕向上振动，带动手指、指根用短促振动力量将球打掉，手指打球时要有向回带的动作，以便打球后脱开对方持球部位打到自己面前。

（3）**断球**

① 横断球。

动作要领：要准确判断对方传球意图和球的飞行路线，要与对手有一定距离，使其同伴感到可以传球。准备断球时要降低重心，与传球人、接球人保持一定角度，位置要靠近传球一侧。注意观察持球队员的动作，当持球者传球出手时，迅速向来球方向起跳。充分伸展腰腹和手臂，当截获来球，立即收腹，双脚落地保持平衡，及时与运球、传球相接。

② 纵断球。

动作要领：以从对手右侧断球为例。纵断球时，右脚应向右前方（从对手侧后绕出断球时）或右侧前方（从对手身后绕出断球时）跨出，左腿从侧面绕过对手，同时右脚用力蹬地（或两脚蹬地）侧身向来球方向迅速跃出，两臂伸直将球断获。其他动作要领同横断球。

2. 抢球、打球、断球技术的练习方法

① 两人一组，相距 1.5 米，面对站立，一人双手持球于腹前，另一人按抢球要求，突然

上步将球抢夺回来，攻守交换。

② 三人一组，两两相距 1 米，中间一人持球向两侧摆动，两侧队员根据球的部位，伺机抢球，持球队员做转身跨步和摆脱护球动作，攻守轮换练习。

③ 两人一组，相距 1.5 米，面对站立。持球人把球传给另一队员后，上步打球，两人轮流练习。

④ 两人传球，两人做前面或侧面断球练习。

⑤ 半场一攻一、二攻二、三攻三，提高防守队员的抢球、打球、断球能力。

八、抢篮板球

比赛中双方队员争抢投篮未中的球所采用的技术统称为"抢篮板球技术"。

1. 抢篮板球的基本技术

（1）抢进攻篮板球　当同队队员投篮出手后，及时判断球反弹的方向和落点，快速起动抢占有利位置，或利用假动作绕到对手的面前，用单脚或双脚起跳，在最高点时进行补篮或抢球。落地时缓冲并保护球。

（2）抢防守篮板球　在抢防守篮板球时，保持正确的站立姿势，两膝弯曲，上体稍前倾，重心放在两脚之间，两肘外展以占据较大的空间，正确判断球的反弹方向，并注意对手的动向。一般运用上步、撤步、转身、侧跨步等步法抢占有利的位置，把进攻队员挡在身后。起跳时用力蹬地，摆臂提腰，跳至最高点时用双手或单手抢球。如难以抢到球，可用点拨球的方法在空中将球点传给同伴。落地时，侧对进攻方向，及时传球发动快攻。

2. 抢篮板球的练习方法

① 采用自抛自抢，体会抢球动作、抢球时机和得球后落地的动作。

② 两人一组，一人向篮板或篮圈抛球，另一队员开始面向持球人，然后转身跨步（上步）起跳用单或双手抢球，数次后交换练习。

③ 攻守双方按罚球时的位置站好，罚球队员投篮后，双方抢位争抢篮板球。练习数次后轮换。

④ 两人一组，站在距离球篮 3 米处，一人进攻一人防守。一人在罚球线投篮，防守人练习转身挡人抢篮板球。

⑤ 在半场二攻二守、三攻三守的比赛中，进行争抢篮板球练习。

第二节　篮球运动的基本战术

篮球战术是比赛中队员间配合协调的组织形式。其目的是更好地发挥本队所有队员的技术水平，并且制约对方队员，掌控比赛的主动权，争取比赛的胜利。

一、基本攻守战术

1. 组合进攻战术

组合进攻战术是形成球队战术的基础，5人的战术体系来源于组合战术。

（1）**突破分球**　突破分球指本队队员向篮下突破后将球传给空位的同伴，控球队员运用躯体和脚步动作与娴熟运球技术相结合，摆脱盯防自己的防守人，并实施有效攻击的一项实用性、攻击性、杀伤性很强的进攻技术。

（2）**传切配合**　传切配合指通过无球跑动获得进攻机会，向球方向切入时应注意向球方向做出一到两步的假动作，诱使防守队员失去位置。

在篮球场上，不懂得跑位的队员很难获得空位接球的机会，这也就意味着没有攻击性。

（3）**掩护配合**　掩护配合指通过合理的身体动作阻挡防守队员的移动路线，使同伴摆脱防守获得空位接球的机会。

注意在掩护动作中，脚应与肩膀同宽，被掩护者也需要配合，使防守者处在静止的情况下才能提高掩护的质量，利用同伴的掩护快速摆脱，获得空位机会。

（4）**策应配合**　策应配合指进攻队的前场和全场通过场上队员组织接应，并且有效地转移球的战术配合。

2. 组合防守战术

组合防守战术的目的是在个人防守的基础上，通过同伴的协同防守扩大防守面积，减少防守漏洞。

（1）**交换防守**　交换防守是为了破坏进攻队员的掩护配合，防守队员之间彼此及时交换自己所防守的对方的配合方法。

（2）**关门防守**　关门防守是两防守队员靠拢协同防守突破的配合方法，其要求是防守队员应积极堵住进攻者的突破路线，临近突破一侧的防守队员要及时向同伴靠拢进行"关门"，不给突破者留有通过的空隙。关门配合也运用于区域联防。

（3）**夹击防守**　夹击防守是两个防守队员积极防守一个进攻队员的配合方法。夹击防守要求正确地掌握夹击的时机和区域，行动果断，在形成夹击时要用身体和腿部限制进攻队员的活动，用手臂封堵传球或接球，但是不要犯规。

（4）**补防**　补防是防守队员在同伴漏防时，立即放弃自己的对方，去补防那个威胁最大的进攻者，而与漏人的防守队员及时换防的一种协同防守方法。

二、快攻与防守快攻

1. 快攻

快攻是由防守转入进攻时，进攻队员以最快的速度，力争在对方队员立足未稳之际，合理、果断地进行攻击的一种进攻战术。

（1）**快攻的种类**　快攻可分为长传快攻、短传与运球结合快攻、运球突破快攻3种。

① 长传快攻。长传快攻是队员在后场获球后，立即把球长传给迅速摆脱对方的前场快下队员的一种偷袭快攻形式。此时，无论是抢篮板球的队员或接应队员应由远及近地观察场上的情况，当发现同伴处于有利位置，及时将球传给同伴。此战术建立在准确的长传技术和快速奔跑、强行突破上篮或中、远距离跳投等技术的基础之上。由于长传快攻只有战术的发动阶段和结束阶段，因而进攻时间短、速度快、配合简单，是一种成功率较高的快攻战术形式。

② 短传与运球结合快攻。短传与运球结合快攻是防守队员获球后，立即以快速的短距离传球方式，直逼对方篮下进攻的一种快攻形式。这种快攻具有灵活、机动、多变的优点，参加配合的人数较多，容易造成以多打少的局面。它经常与运球突破结合运用。

③ 运球突破快攻。运球突破快攻是防守队员获球后，利用运球技术超越防守，自己投篮得分或传球给比自己投篮机会更好的同伴进行攻击的一种快攻形势。

（2）**快攻的发动形式**　快攻的发动形式有3种，即抢断以后的快攻、防守篮板后的快攻、快攻衔接阶段的半快攻。

① 抢断以后的快攻。如果抢到或断到球的队员处于前沿，则可直接进行攻击，如果处于全队的后阵，则通过传球或运球突破，转入快攻。

② 防守篮板后的快攻。抢防守篮板球和掷端线界外球快攻相对比较复杂。一般需要一传和接应，也可以由抢篮板球的队员直接突破运球向前推进。当防守抢得篮板球时，全队要迅速分散，控球的队员要根据场上情况，迅速、及时、准确地进行第一传。一般来说，先是长传快攻，再与接应队员配合，接应队员应迅速摆脱防守，及时选择有利位置接应一传准备推进。

③ 快攻衔接阶段的半快攻。快攻衔接阶段的半快攻有两种，一是边线球发球或底线发球，在防守人没落稳的时候形成的半快攻；二是在发动快攻中没能直接攻入篮筐，但造成防守人员错位，有大打小、小打大的机会时的半快攻。

2. 防守快攻

防守快攻是防守战术的重要组成部分，其目的在于制约进攻速度，为本队积极防守争取时间。常用的防守快攻方法有提高进攻成功率、积极拼抢篮板球、有组织地堵截对方发动快攻的第一传、防守快下队员、提高以少防多的能力等。

三、整体攻守战术

1. 比赛阵型

为了适应攻守战术的需要，全队队员在场上的位置排列和职责分工称为比赛阵型。比赛阵型是本队攻守力量搭配和分工的形式。

根据队员的职责和排列的层次分为后卫、得分后卫、小前锋、大前锋、中锋。篮球比赛当中攻防的站位和阵型不太一样，下面简单介绍防守的阵型。防守的阵型分为盯人和区域两种，盯人根据进攻人的站位而落位，区域联防的形式常用的有"3-2""2-3""1-3-1""2-1-2"等。

选择进攻阵型要以本队队员的个人特长、技能、水平为基础，再与球队的特点相协调。阵型不能僵化，每个队员都应在明确基本位置和主要职责的前提下，进行创造性的调整。

2. 整体进攻战术

篮球比赛的胜负在很大程度上取决于战略与战术的合理性。战略是比赛中全局性的决策，战术指比赛中具体的攻守方法。

整体进攻可以有很多种，战术千变万化，但要根据球队人员的组成来确定进攻体系，设计整体进攻的战术。常见的进攻战术有牛角战术和8字战术。

（1）**牛角战术**　双中锋上提给1号位空位掩护，控球后卫可根据实际情况利用任意一边的中锋掩护，突破上篮。

（2）**8字战术**　外线3个人通过8字形运球制造突破空间，根据战术安排，任意一侧的中锋突然上提，掩护外线突破上篮。

3. 整体防守战术

（1）**半场人盯人防守**　人盯人防守分工明确，责任具体，盯防效果好，但体能消耗较大，目前比赛很少单一长时间采用此防守战术。

① 由攻转守时，队员先迅速退回后半场，找到自己的防守人，与队友形成集体防守。

② 以球为主，全力逼防持球队员，积极抢球、打球、断球阻止其投篮，不让其顺利传球，迫使其离开有利的攻击区。

③ 对无球队员进行堵位防守，要做到人和球兼顾，不让对方在攻击区内接球。

④ 与同伴利用防守的配合，破坏对方队员的进攻配合。

⑤ 根据对方队员的不同特点，加强防守的针对性与攻击性。

（2）**区域联防**　区域联防是将区域与人和球联系在一起而进行整体防守的战术，它具有鲜明的协同性的特点。进攻区域联防是针对对方队员防守而设计的攻击方法。

① 攻转守回防。区域联防是由攻转守时，防守队员退回后场，每个队员分工负责一定区域，并与同伴协同防守，积极移动补位，用队形把每个防守区域有机地联系起来，形成一种集体的联合防守战术。

② 随球不断调位。以球为主，随球移动，对持球队员采取人盯人的防守，其他防守队员根据球的转移，不断地调整和选择正确的防守位置，加强对有球区域和篮下的防守。

（3）**混合防守**　混合防守是一种迷惑对方，根据对方的个人特点做出的整体组合防守。比赛时对方某一名队员能力突出，防守方必须要派一名队员将他盯住，此时可以采取一盯四联的防守，来限制那名队员。

第六章
定 向 运 动

　　定向运动，又称定向技能，既是一种竞技性运动，又是一种休闲娱乐性活动。按交通模式，定向运动可分为徒步定向、山地车定向、滑雪定向、轮椅定向和其他交通定向。其中普及率最高、适应性和适用性最强的是徒步定向。目前，"定向运动"已成为徒步定向运动的代名词，本章所讲的定向运动，均指徒步定向运动。

第一节　定向运动的定义、类型与形式

一、定义

　　国际定向越野联合会将定向运动定义为：参赛者借助地图和指北针，在尽可能短的时间内徒步到访若干个标志（检查点）的体育运动。在国内，定向运动俗称为定向越野。
　　近年来，定向运动的实践已突破了以上定义的限制，分为竞技和休闲娱乐两个领域，其作用与价值、活动形式与活动要求，以及组织方式在不同的领域有较大的差别。
　　在竞技领域，定向运动是一项运动员借助地图和指北针，在尽可能短的时间到访若干个标志（检查点）的体育运动，这是传统定向运动。
　　在休闲娱乐领域，定向运动是用地图，或用地图和指北针导航的身体活动。这一定义包括两个层面的内涵：一是用地图导航的身体活动。这一定义适用于校园、城市街区、城市公园及室内等能用于导航的人造特征较多，基本上没有必要使用指北针来辅助导航的环境。二是用地图和指北针导航的身体活动。这一定义适用于森林、森林公园、野外等可用于导航的自然和人造特征较稀少或相似特征太多，需要用指北针来辅助导航的环境。
　　休闲娱乐领域的定向运动包含了竞技领域的定向运动。当"游戏"规则变得更加严谨、更加强调比赛的公平性和规范性，当参赛者强调追求获胜和完美表现，当活动组织者更加强调竞技性，休闲娱乐领域的定向运动就变成了竞技性定向运动。因此，竞技领域的定向运动可称为狭义的定向运动，而休闲娱乐领域的定向运动可称为广义的定向运动。

二、类型

定向运动可以在日间进行,也可在夜间进行。按比赛时间,定向运动划分为日间定向和夜间定向。只要对比赛场地和路线的安全性给予一定的限定,几乎所有日间定向运动都可以在夜间进行。以下分别从竞技和休闲娱乐两个领域划分日间定向运动的类型。

从竞技性定向领域划分定向运动,主要是对国际赛事和世界各国大型赛事及国内A类和B类赛事常设竞赛项目进行分类,这些项目主要采用点对点的定向形式。

传统定向是指传统的点对点定向。长距离赛、中距离赛、短距离赛和百米定向除比赛的持续时间不同外,各比赛项目还各具特色,如长距离赛强调耐力和路线选择,中距离赛强调速度和技术,短距离赛强调速度和路线选择,百米定向强调节奏、灵敏和路线选择等。以上4个项目是最常见的定向比赛项目。

单程赛以单一赛次的成绩作为最终成绩,目前我国各类赛事的大多数比赛项目为单程赛。多程赛以两轮或多轮比赛的成绩之和作为运动员的最终成绩,如追逐赛。资格赛指运动员通过一轮或一轮以上的分组预赛取得决赛资格,以决赛成绩作为运动员的最终成绩。例如,世界定向锦标赛的短距离赛、中距离赛和长距离赛。

休闲娱乐领域的定向运动应根据活动对象的特点和需要,选择适当的定向运动形式。如利用定向运动进行团队素质拓展培训就应该采用团队定向,如果希望取得更好的培训效果,还应将一些团队拓展活动项目融入团队定向运动中,组织多要素的团队定向运动。如在团队定向运动中最后一个必经点到终点的必经路线上设置"求生墙"项目等。

三、定向运动的形式

定向运动的主要形式有点对点定向、积分定向、微型定向和团队定向。点对点定向是传统的和最基本的定向形式,积分定向在休闲娱乐领域定向中较常见,微型定向是一种不同于传统形式的点对点定向,团队定向是一种强调团队协作的定向形式。

1. 点对点定向

点对点定向是定向运动的传统形式,也是最基本的定向运动形式,国际大型赛事和世界各国主要赛事基本上都采用点对点定向的形式进行比赛。图6-1(a)中粗线(一般为紫红色)标绘的是一条点对点定向路线,也是通常所说的比赛路线。它包括一个起点(等边三角形),一个终点(两个同心圆)和若干个带有检查点序号的检查点(单圆圈),两个点之间是参与者应导航行进的路段,从起点开始,检查点按序号用连线连起来,直到终点。由此可见,路线实际上就是由多个具有方向性的路段组成的。路段的方向性由一对点确定,一个点确定起点,一个点确定目标,结果是路段向参与者提出了一个明确的点对点导航任务:尽快地由起点达到目标。一条路线由一系列点对点导航任务组成,完成一条路线的过程是一个点对点的导航过程。

在比赛前,参赛者还会得到一张如图 6-1(b)所示的检查点说明表。检查点说明表是国际定向运动联合会(以下简称国际定联)制定的一套对检查点位置进行精简说明的符号体系。在比赛中应用检查点说明表能减少路线选择的偶然性,提高比赛的公平性。如图 6-1(a)的路线中,如果没有检查点说明,将不知第 6 个检查点的确切位置是在不能通行的陡崖上面还是下面。这时,从第 5 个检查点到第 6 个检查点的路线有两种基本选择,哪条路线更好没有确切的把握。如果有检查点说明图 6-1(b)指明第 6 个点在陡崖下面,选择奔跑路线将变得非常容易。

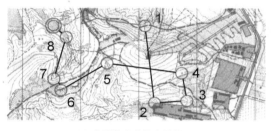 

(a) 典型的定向比赛路线　　　　　　(b) 检查点说明

图 6-1　一条典型的定向比赛路线及其检查点说明

实地中检查点位于检查点圆圈圆心处的特征上,并用一个点标旗[一般为橘黄和白色相间的,图 6-2(a)]在这个特征上或特征旁标记出来,这个特征被称为检查点特征。每个检查点上有一个或多个带有唯一编码——检查点代码的打卡特征指地图上和实地中可以作为识别和定位标志的地貌、地物及其局部特征与属性。

检查点特征指位于地图上检查点圆圈圆心处用来定义检查点在实地中位置的特征。

导航特征指在定向运动中对导航和定位具有重要意义的显眼、易辨识的特征。

定向比赛器材机械打卡器[图 6-2(b)]为参赛者提供到访记录。比赛时,参赛者携带记录个人信息的检查卡,由起点开始,依据地图提供的信息做出决策,利用导航特征或指北针导航,在尽可能短的时间内按顺序依次到访一个又一个检查点,并在检查卡上打卡留下打卡器的编码信息[图 6-2(c)]直到终点。如果在比赛中漏打或错打检查点,参赛者将被取消比赛资格,比赛成绩无效。

(a) 点标旗　　　　　　(b) 机械打卡器　　　　　　(c) 在检查卡上留下打卡器的编码(打卡)

图 6-2　一些传统的定向比赛器材

2. 积分定向

如图 6-3 积分定向路线也包括一个起点、一个终点和若干个检查点，但检查点没有序号，而是根据地形的难易、离起终点距离的远近、各点间的位置关系被赋予不同的分值，参赛者每到访一个检查点将获得相应的得分。积分定向以参赛者在规定的时间内得到的积分决定胜负。在规定的时间内，参赛者必须找出满意的检查点的到访顺序并到访尽可能多的检查点，获得尽可能高的积分。如果超时，将按比赛规程扣罚参赛者的积分。积分定向比传统定向需要更高的认知技能，特别是对运用数学知识的能力和逻辑分析能力有较高要求。积分定向目前尚未进入大型赛事，主要被应用于教学、训练和休闲娱乐活动。

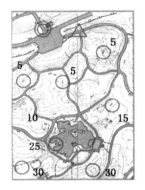

图 6-3　积分定向

3. 微型定向

微型定向的概念最早由挪威定向协会提出，主要有两种实践方式，纳入中距离定向中作为中距离定向的组成部分或作为一个独立的比赛项目。

微型定向（图 6-4）要求参赛者按规定的顺序到访检查点，从这一特征来看，它是一种点对点定向。但与传统的点对点定向不同，微型定向的检查点只有序号没有代码，检查点附近有一些假检查点与其一起构成"检查点群"，参赛者错打检查点将按竞赛规则罚时，但不会被取消比赛资格。如果参赛者在一个"检查点群"中打了几个检查点，即使其中包括真检查点，也将被罚时。此外，如果参赛者漏打某个"检查点群"，将被取消比赛资格。从后面几个特征来看，微型定向是一种新型的定向运动形式。

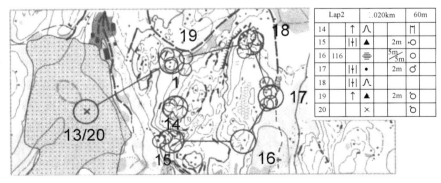

图 6-4　作为中距离赛组成部分的微型定向路线及其检查点说明

两个微型定向"检查点群"之间可以设置一个或多个带有代码的传统点对点定向检查点，如图 6-4 中第 16 号检查点，参赛者漏打这个检查点将被取消比赛资格和比赛成绩。微型定向对参赛者的要求更高，参赛者因"运气"找到真正的检查点的机会更小。

4. 团队定向

团队定向（图 6-5）是建立在团队协作基础上的定向形式。团队定向的检查点分为两类：一是要求所有团队成员都到访的必经点，二是只要求有一名成员到访的自由点。团队各成员分工协作到访所有的检查点，以最后一名到达终点成员的成绩为整个团队的成绩。团队赛中，团队各成员通常按分工要求分别到访自己应到访的检查点，但水平高的成员还应尽可能为完成任务有困难的成员提供帮助。团队定向有竞技和休闲娱乐两种实践方式，竞技方式为必经点规定了序号，团队成员必须按规定的顺序到访必经点，而休闲娱乐方式的必经点可以不规定序号按任意顺序到访。目前，除国内赛事外，团队定向尚未进入国际赛事体系和世界各国的主要赛事体系，而主要用于训练活动。近年来，国内定向界将团队定向应用于教学、拓展培训取得了很好的教育效果。

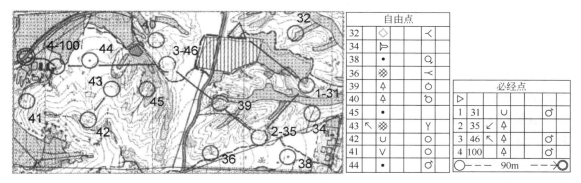

图 6-5　团队定向

第二节　定向运动的性质和特征

正确理解定向运动的性质和特征，有助于更好地掌握定向运动教学、训练和社会体育指导的特点和规律，提高教学、训练和指导的效果，也有助于深入认识定向运动价值，更好地发挥定向运动作用。

一、定向运动的性质

1. 广泛适应性

定向运动可以在各种各样的场地上举行。它可以在室外也可以在室内举行。在室外，定向运动既可在森林中举行，也可在公园、校园，甚至城市街头举行。

定向运动对参与者的性别、年龄限制少。通过合理的路线设计，定向运动可以满足不同年龄、性别、体能和定向技能水平参与者的需要。

定向运动的竞赛规则灵活，赛事活动的组织简单易行。参与者可以充分发挥自己的想象力，根据自己的爱好开发和组织各种各样的定向运动赛事，如摩托车定向、独木舟定向、水下（潜水）定向等。

2. 场地复杂多变性

定向运动场地复杂多变是定向运动对场地的要求。定向运动场地的复杂多变性主要表现在三个方面：活动地形的复杂多变性、活动场所的复杂多变性及路段的复杂多变性。另外，竞技性定向运动还有场地特点无法准确预期，具有不确定性的特点。这使得定向运动具有更大的挑战性、刺激性，能带给参与者更多的体验和享受。

3. 耐力性

定向运动是一项耐力性项目。从持续时间来看，几个主要比赛项目的持续时间分别为：百米定向 2~4 分钟、短距离赛 12~15 分钟、中距离赛 20~35 分钟、长距离赛 30~70 分钟。从运动距离来看，百米定向在 0.4~0.6 千米之间，其他大多数项目在 3~10 千米之间。当然，不同定向运动项目的耐力性是不同的，如百米定向和短距离赛为中程耐力、中距离赛和长距离赛为长程耐力。相关的研究结果表明，定向运动的身体适能要求与 3000 米障碍跑和马拉松跑相似。受项目特点的影响，定向运动的耐力性具有以下特点：

能量消耗大：有关研究的结果表明，在森林中奔跑时受低矮林丛、坡度变化的影响，参与者的能量消耗增加了 26%~72%。另外，由于奔跑环境变化大，特别是地面的植被、跑速和方向的不断变化对奔跑模式的干扰，也使能量消耗明显增加。

伴有很强的无氧运动：定向运动中每分钟心率在 140~180 次之间，血乳酸水平在每升 3.6~6.7 毫摩尔每升之间变化。这些数据表明，定向运动以有氧运动为主并伴有无氧运动。

对其他素质有很高的要求：场地的复杂多变性使力量、协调性、灵敏性和平衡能力成为影响跑步技能的重要因素，从而影响耐力运动水平。

非稳态运动：定向运动中的速度和方向变化、心率和乳酸变化都表明定向运动是在非稳态条件下的耐力性运动。

4. 高策略性

定向运动是一项高策略性项目，认知技能起着关键的作用。定向运动要求参与者在两个检查点之间选择一条最适合自己的路线。两个检查点间有多少条路线，哪一条最近，哪一条最简单，哪一条最省时间，哪一条最省体力，哪一条最适合自己，参与者必须依据地图提供的信息予以快速评估，做出决策并制订相应的战术方案。执行决策时，参与者也要根据地形特点对导航条件灵活执行战术方案，运用适当的导航技术、导航工具和导航速度到达目标。

5. 个人体验性

定向运动是一项个人体验项目，只有亲自参与才能体验其乐趣和价值并获得人生的感悟。在复杂多变的环境中，参与者在独立做出决策、执行决策到达一个又一个检查点的过程中可能会体验到挫折的沮丧、失败的痛苦、成功的喜悦和决策的冲突，满足其享受快乐与刺激、感悟人生、体现自我价值和发展品德的需要。

定向运动的个人体验性与场地复杂多变性的结合使定向运动更具挑战性。一般的旁观者却很难通过观赏体验到它带来的挑战、刺激和乐趣，就是有一定定向运动体验的旁观者，由于不能获得地图及路线信息，也很难通过观赏获得真正的体验。

6. 团队协作性

定向运动是一种团队协作项目。在团队定向中，参与者组成团队分工协作完成比赛，体验团队力量、展现团队及个人对团队的价值，培养和发展团队精神，满足个体提升社会归属感、社会团体培养团队文化的需要。

二、定向运动的特征

定向运动是由体能和认知技能主导的个人体验性体育项目。定向运动的特征是：在尽可能短的时间内找出并沿着最佳路线通过未知地带，需要准确读图、评估路线、操作指北针，在压力下集中、快速决策，在自然地形中奔跑等技能。

中程耐力和长程耐力是定向运动的关键体能要素，且随着项目的不同，无氧和有氧能力在其中发挥的作用有所不同。例如，百米定向运动，无氧能力是关键要素，而在短距离、中距离赛和长距离赛中有氧能力是关键因素，但无氧能力也有很重要的作用。另外，在路线的不同部分，有氧能力和无氧能力所发挥的作用也有所不同，如在精确定向区域有氧能力是关键因素，而在概略定向区域无氧能力和有氧能力都是关键因素。

力量、协调性、灵敏性和平衡能力等是定向运动的重要体能要素。在自然地形中奔跑，要在奔跑中进行读图、路线选择等认知活动，奔跑时路线和地表状况的临时性、多变性及无法准确预测性，使这种奔跑明显不同于包括越野跑在内的田径运动中的跑，对参与者的力量、协调性、灵敏性和平衡能力等体能要素提出了很高的要求。

定向运动的认知技能是一种基于运动思维的认知技能。运动思维具有直觉思维的特征，它不是一个单纯的逻辑推理过程，而是将经验和推理结合起来，在不能保证每次都能成功的条件下使问题能有效解决的思维过程。因此，定向运动在理想上，希望参与者能找到一条完成每个路段的最佳路线，但在实践中，参与者实际上只是简单地考虑几种可能性来加以权衡，做出一个满意的路线选择，而不是做出一个最优的选择。

在定向运动中认知过程和奔跑过程是相互促进和相互制约的，以认知过程为主导，处于一种心理能量和生理能量的协同变化状态。如概略定向时，认知过程对心理能量的需要少，生理能量的输出增加。在这个时段，优秀运动员的血乳酸水平可以升高到每升 4.4～6.7 毫摩尔的水平。而精确定向时，认知过程对心理能量的需要增加，生理能量输出下降。在这个时段，优秀运动员的血乳酸水平下降到每升 3.6～4.6 毫摩尔的水平。

第三节 定向地图

1. 定向地图的颜色

定向地图上可以有7种颜色，其中6种颜色用于表达地理要素和技术符号，紫色用于表达路线。6种颜色与各种符号结合即可表达出复杂的地物和微小地貌。

（1）棕色：表达地貌和人工铺筑的地表等；
（2）黑色：表达岩石和石头等微小地貌、人造地物及技术符号磁北线和套印标记等；
（3）灰色：表达露岩地等微小地貌、房屋及房屋中的通道等地物特征；
（4）蓝色：表达水系和沼泽、技术符号磁北线等；
（5）绿色：表达植被；
（6）黄色：表达植被，黄色和绿色结合而成的黄绿色用于表现居民地和禁区；
（7）紫色：表达路线。

另外，在定向地图中，地理要素分布区域中的空白部分也被用来表示植被。

2. 定向地图的符号

定向地图中使用的符号包括点状符号、线状符号、面状符号及配置符号4种类型，分别用于表示相应的地物和微小地貌。

（1）点状符号（图 6-6）　用于表示实地中必须表示出来的具有重要方位意义的独立特征，如独立树、山洞等。独立特征通常形态较小，无法依比例尺表示，只能用规定的点状符号以夸大的形式表示出来。因此，点状符号是不依比例尺表示的符号，只能表示特征的性质、定位和分类等级，如石头和巨石。实地中，特征的具体位置在点状符号的重心位置。

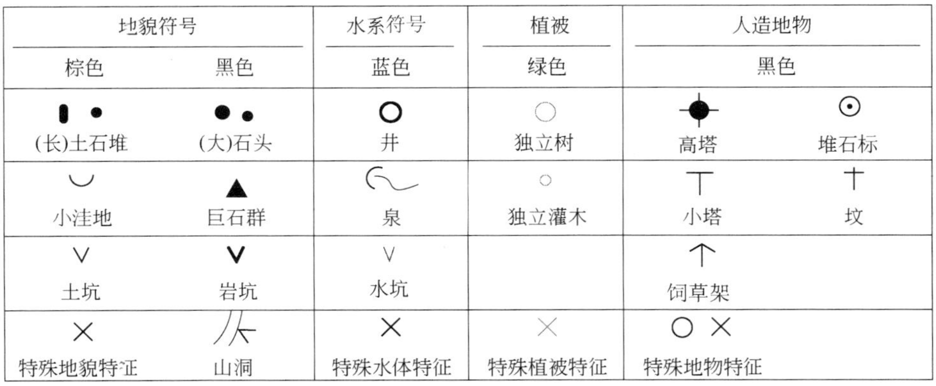

地貌符号		水系符号	植被	人造地物	
棕色	黑色	蓝色	绿色	黑色	
(长)土石堆	(大)石头	井	独立树	高塔	堆石标
小洼地	巨石群	泉	独立灌木	小塔	坟
土坑	岩坑	水坑		饲草架	
特殊地貌特征	山洞	特殊水体特征	特殊植被特征	特殊地物特征	

图 6-6　定向地图点状符号示例

（2）线状符号　用于表示实地中的线状特征，如道路、沟渠、输电线等。线状特征通常宽度较窄，无法依比例尺表示，只能以夸大的形式表示出来。因此，线状符号是半依比例尺符号，其长度是依比例尺表示的，而粗细是不依比例尺表示的。另外，线状符号还有多种线型，如粗实线、细实线、长虚线、短虚线、齿线、斜齿线等。线状符号通过颜色、线型及长度的组合，可以表现出各种线状特征的具体长度、类型与宽度等级（如路的易跑性）、高度等级（如陡崖的可通过性）、深度等级（如水道的可通过性）、导航等级（如明显和不明显小路）等属性。

第四节　定向运动技术

一、定向运动技术概述

定向运动技术是指定向参赛者完成定向运动所运用的各种方法，科学合理地运用各种定向运动技术是参赛者取得比赛胜利的基础。定向运动技术具有以下特征：

（1）**合理性**　运动技术的合理性是指运动技术在符合规则要求的同时，还应该符合人体运动的力学规律和生物学规律方面的要求。在定向运动中经常表现出的是参赛者的技术虽然不规范，但是非常实用，同时又符合规则的要求，这样的技术就有其存在的价值。

（2）**相对性**　定向运动技术每个人都不是一样的，这说明定向运动技术对个体和整体而言都具有相对性。

（3）**整体性**　定向运动技术是由各个具体动作组合而成的，它不仅与参赛者有关，还与地形以及环境条件有关，任何一个技术动作的变化和其他因素的变化都会影响整体技术效果的发挥。因此，对技术的理解与训练，要从整体上考虑各环节之间的联系。例如，野外奔跑速度是影响定向参赛者成绩的关键，但提高速度的同时又要考虑到读图速度能否与之相匹配。否则，就会破坏整个定向运动技术的完整性。

（4）**个体性**　定向运动技术只是一种理想化的技术动作模式，对于每个参赛者来说，并非都是最合理有效的。只有在以群体运动技术模式为基础，结合个体特点调整后确立的个体运动技术模式才是最合理有效的。例如，参赛者在选择路线时，可以根据自身体能和技术，合理选择穿越或沿路跑。从技术角度上讲，每个参赛者的技术都有其自身特点，在训练和比赛中要发挥自己的优势，完善自身的技术。

二、定向运动技术体系

定向运动技术体系由读图技术、路线选择技术、重新定位技术和检查点捕捉技术几部分组成。

1. 读图技术

读图是将二维的平面地图通过对地图知识的理解，在头脑中形成与实际地形相对应的认知过程。学习读图,首先要掌握一定的地图知识,并能够熟练运用到读图中去,从而做到迅速准确地读图。为方便学习,现将读图技术分为动作技术和认知技术两个方面。

读图的动作技术包括标定地图、确定前进方向、折叠地图和拇指辅行,这是快速、高效读图的基础。读图动作技术与认知技术的训练常常同步进行,只是不同阶段侧重点不同而已。通常先以动作技术训练为主,然后动作技术和认知技术练习并重,当动作技术达到熟练水平甚至自动化水平时,则以认知能力练习为主。

(1)标定地图,使地图与实地保持一致。

(2)利用地图信息和指北针确定下一个目标的方位,是在标定地图后接着要掌握的技能。在很多情况下,标定地图和确定前进方向是同时进行的。

(3)折叠地图能更便捷有效地读图。拿到地图后应根据个人的习惯将地图折叠成方便持图的大小。在跑动中要不断根据需要地折叠地图,以便能更舒适地读图。

(4)拇指辅行是初学者所采用的基本技术。从起点开始,将拇指压于站立点侧后方,在行进过程中不断移动拇指,使拇指在地图上的移动与个体在实地行进过程保持同步。在用地图导航行进中,不断移动拇指,转动地图,保持位置、方位的连贯性与正确性。

(5)简化地图指忽略地图上复杂的或次要的特征,只选择出重要的对导航和"捕捉"检查点有实际意义的特征。在许多情况下并不是所有的细节都有导航作用,如非必要,只需要读地图上比较大的或具有导航作用的特征。

(6)概略读图和精确读图对初学者而言没有任何区别,初学者使用概略读图技术能够直接引导到达检查点的那些大的特征,而概略读图和精确读图是到达中级水平时才开始出现,这时必须通过检查点附近区域的地形细节来导航。

① 概略读图。是一种在简化地图的基础上发展起来的图-地对照技术,是指在快速行进过程中,忽略细小的特征仅核对地图上大的特征与实地中特征的一致性的读图技术。

② 精确读图。是一种在简化地图的基础上发展起来的图-地对照技术,是指借助拇指辅行技术,核对地图上大多数特征与实地一致性的读图方法。

2. 路线选择

路线选择指在检查点间选择行进路线的技能,它是定向运动的灵魂,是定向运动区别于越野跑的最重要的本质特征。定向运动要求参赛者在尽可能短的时间内完成比赛,但距离最短的路线并不一定是最佳的路线。路线选择受到竞技状态、地形、植被、爬高量等因素影响。一般认为找到检查点最重要,但路线选择与找到检查点同样重要。在选择路线时,首先要确定检查点特征,然后确定攻击点,最后才确定路线。与路线选择相关的技术主要有攻击点技术、偏向瞄准技术、等高线技术等。

3. 重新定位

重新定位指在丢失站立点后利用标定地图、路线回忆、安全方位和重新定位特征重新确定站立点的技术。发现丢失站立点后首先要做的事是：立即停下来，标定地图，进行图-地对照、回忆与思考。重新定位时需要回忆和思考的主要内容有：

（1）经过的路线，步测距离与地图上的距离是否一致？

（2）是否在易跑路段发生了方向偏移？在此之前经过哪些特征地物？

（3）在此之前，在地图上能够准确定位的最后位置。

（4）目前能看到的最显著特征是什么？

如果得到的结论不能解决重新定位问题，应该检查地图，然后跑向最近的显著特征，在显著特征处通过标定地图进行重新定位。迷失后必须牢记的一点是：在迷失的地方漫无目的的搜索将会耽误更多的时间。

4. 检查点捕捉

捕捉检查点是定向运动的最重要环节之一，所有的技术都是围绕检查点的捕捉来进行的。捕捉检查点首先要找到检查点附近的大的地物、地貌，再根据检查点说明表上所指示的检查点的具体位置来捕捉检查点，在能够确定检查点的位置后，不要急于打卡，而是应快速确定下一个检查点的出口方向，确定后以最快的速度打卡并快速离开。从捕捉检查点到打卡再到离开检查点奔向下一个检查点，整个过程应做到快速、流畅。

第七章

排 舞 运 动

第一节　排舞运动概述

音乐和固定舞步融合在一起，一人或多人通过风格各异的舞步循环，来愉悦身心的体育运动即排舞运动。具有多元文化魅力的排舞已经风靡世界，受到不同国籍、性别及年龄人群的参与和喜爱。目前，我国许多大中小学校已经把排舞列入学校体育教学大纲，成为学生课间操、课余体育锻炼和学校庆典表演的重要内容；也有许多企业把排舞列入工间操、业余锻炼和节假庆典表演的重要内容。它对培养音乐素养、提高身体素质、了解世界文化、培养礼仪行为有重要的作用。

一、排舞运动的起源

学习排舞首先要了解排舞的起源。排舞最早是派生于其他舞蹈活动中，包含了许多舞蹈的风格特征，因此，排舞与多种舞蹈形式十分相似。例如，仅从排成一排跳来说，像草裙舞、英国莫理斯舞和美洲印第安人的舞蹈都是类似的民间舞。

排舞最早萌芽于美国西部乡村民间社交舞。社交舞，又称舞厅舞、舞会舞或交谊舞。它来源于各国的民间舞蹈，是在古老的民间舞的基础上发展演变而成。

19世纪初，社交舞传入美国。由于社交舞必须由男女相互结伴，按照方块或圆形的站位形式才能跳舞，这在很大程度上限制了喜欢跳舞却没有舞伴的人。因此，当时美国的一些社交舞俱乐部的舞者们意识到，跳舞时可以尝试着不用总是按照方块或圆形的站位形式男女结伴跳，大家可以单独跳或站成一排排跳，而这种尝试即排舞的萌芽。受此启发，当时美国西部乡村的一些民间舞俱乐部也尝试派生出类似排舞风格的舞蹈形式，并将这种舞蹈形式逐渐传播开来。此后，社交舞一方面向专业化和高技能化发展，成为表演性的舞台艺术和竞技性体育比赛登上大雅之堂；另一方面，社交舞走向社会，走向大众，成为人们健身娱乐和人际交流的一种形式。我们可以看到，从宫廷集体舞到交谊舞再到不用舞伴也可以跳的排舞，它是朝着更自由更灵活的大众化方向发展。

二、国际排舞运动的全面发展

20世纪90年代初，排舞进入了全面发展阶段。1992年，一个叫比利的美国乡村音乐人谱写了一首叫《Achy Break Heart》的歌曲，为了推广这首歌，比利委托别人帮他为这首歌编排设计了一支排舞，这首歌最终成为20世纪90年代最著名的乡村音乐之一，并传播到世界各地。这首歌的巨大成功也使配合推广这首歌的排舞广为人知，广泛传播到美洲、欧洲和大洋洲等许多国家，同时掀起了配合乡村音乐编排排舞的热潮，许多著名的排舞都是这一时期的作品。

之后，排舞逐渐脱离乡村音乐的束缚，开始寻求大量其他风格的舞蹈和音乐。如拉丁舞、嘻哈舞、节奏布鲁斯舞、舞厅舞、爵士舞、踢踏舞等多种舞蹈形式，并随着特定的循环交替旋转起舞。也正是这一时期，排舞大量吸取了体育舞蹈的舞步动作和编排模式，形成了自我风格特点的编排设计和舞步规范。例如，每支排舞都有固定的曲目名称和舞步组合节数，并逐渐形成了独一无二的舞步。

目前，全世界已经有众多支排舞曲目，每一首曲目都有自己独一无二的舞步，同一首曲目全世界的舞步动作统一。在一致的舞步标准、多重的舞蹈元素组合与变化下，舞者可跳出自己的个人风格，诠释属于自己的舞路，在世界各地享受以舞会友的乐趣。

作为一项参与人数众多、参与人群广泛的运动，排舞吉尼斯世界纪录屡屡被刷新。2002年在澳大利亚新南威尔士塔姆沃思镇，创下6744人齐跳排舞的纪录；同年，在香港跑马地游乐场创下了12168人齐跳排舞的纪录；2007年8月25日在美国亚特兰大，创下了17000人齐跳排舞的吉尼斯世界纪录；2014年11月8日在中国杭州创下了25703人齐跳排舞的新的吉尼斯世界纪录。以舞会友、以舞交友、以舞健身成为参加排舞运动的又一魅力。如今，排舞已经成为一种国际健身语言，风靡世界，并成为世界上三大最具休闲健身性的健身项目之一。

三、中国排舞运动的兴起与发展

近年来，排舞逐渐在亚洲受到关注，2008年"排舞旋风"在我国强劲登陆。2008年8月8日早晨8点08分，在天安门广场，800名排舞爱好者身着奥运五环颜色服装组成五个方阵，伴随着奥运主题歌曲《永远的朋友》《we are ready》，表演了具有中国特色的排舞，以表达对北京奥运会的祝福。此次活动是由奥组委、北京市人民政府官方批准，北京市体育局、北京市体育总会、北京市体操协会排舞专业委员会等共同支持下开展的，主要目的在于借助奥林匹克精神的感染力和北京奥运会的魅力，在29届奥运会开幕式当天，展示风靡全球的排舞运动。

2008年北京奥运会后，排舞在我国得到迅猛发展，全国掀起了排舞健身热，开展了排舞推广普及活动；至 2015 年，云南、四川、北京、江苏、湖南、湖北、福建、山东、重庆、广东等地，不仅培训人数屡创新高，还组织全国分站赛，参赛人数逾千人，2015 年 10 月底的"舞动中国——排舞联赛"总决赛吸引了全国 100 多支参赛队伍前来参赛。

第二节 排舞运动的分类和特点

一、按照舞步组合结构分类

按照舞步组合结构可分为四大类：完整型排舞、组合型排舞、间奏型排舞、表演型排舞。

（1）**完整型排舞** 不断重复固定的舞步组合。如果是 2/4 或 4/4 拍的音乐，舞步组合一般由 32 拍、48 拍、64 拍组成。如果是 3/4 拍的音乐，舞步组合一般由 12×3 拍或 16×3 拍组成。这种类型的排舞，无论是舞步动作，还是方向变化都较为简单，因此多数属于初级水平的排舞。

（2）**组合型排舞** 由两个或更多的舞步组合构成，而且每一舞步组合的节拍数不一定相同，这种类型的排舞，并不按照一定的规律进行循环，有些组合重复，有些组合并不一定重复。

（3）**间奏型排舞** 在固定的舞步组合外，还有一个或多个不一定相同的间奏舞步。间奏舞步一般不超过一个八拍。通常，这一类型的排舞在学习时较难记忆，因此属于中等难度级别的排舞。

（4）**表演型排舞** 这种类型的排舞，舞步较复杂，并且没有固定的舞步组合，属于最高难度级别的排舞。

二、按照舞步组合变化的方向分类

按照舞步组合变化的方向可分为四大类：一个方向的排舞、两个方向的排舞、三个方向的排舞、四个方向的排舞。

（1）**一个方向的排舞** 面向十二点一个方向跳完所有的舞步组合。

（2）**两个方向的排舞** 舞步组合结束后在相反的方向又开始重复这一舞步组合，即面向十二点方向的舞步组合结束后，面向六点方向又开始重复这一舞步组合。

（3）**三个方向的排舞** 出现在间奏型排舞中。每完成一次舞步组合，都会按顺时针（或者是逆时针方向）进行变化，在第三次舞步组合完成后，由于音乐节奏的关系又会回到舞蹈的初始方向。

（4）**四个方向的排舞** 每完成一次舞步组合，都在一个新的方向开始动作。一般按顺时针十二点、三点、六点、九点进行方向的变化，也可以按逆时针十二点、九点、六点、三点的方向进行变化。

三、按照音乐和舞蹈的风格分类

（1）**华尔兹风格** 华尔兹风格的排舞是一种三拍子舞步的排舞。这种风格的排舞华丽高雅、秀美潇洒，舞步三步一起伏循环，起伏流畅，优美柔情。华尔兹风格的排舞通过膝、踝、足底的动作，结合身体的升降、倾斜、旋转带动舞步移动，大量地运用前进步、后退步、拖步、平衡步、摇摆步、闪烁步、转身等舞步动作。如《得克萨斯华尔兹》《美丽的家乡》都是融入了华尔兹风格的完整型排舞。

（2）**踢踏舞风格** 踢踏舞风格的排舞是一种以丰富的脚点变化为主要特色的排舞。踢踏舞风格的排舞动作要求快速、干脆、刚劲有力，较多地运用跺脚步、摇椅步、戳步、拖步、脚跟点地、脚尖点地、走步、踏车步及轴心转等舞步元素，通过脚的各个部位，在地板上摩擦、拍击发出各种各样的响声。气势磅礴的爱尔兰踢踏风格的排舞，能让人观赏时目不暇接。如《舞动的小提琴》是一首踢踏舞风格的组合型排舞曲目。

（3）**拉丁风格** 拉丁风格的排舞是指以拉丁舞动作为排舞的基本创编元素，形成具有鲜明特点的激情浪漫而又富有活力的排舞形式。拉丁风格的排舞主要包括恰恰风格、桑巴风格和伦巴风格。恰恰风格的排舞舞步利落花哨，风格诙谐风趣，步频较快，较多地运用锁步、恰恰步、摇摆步、走步等舞步元素，如《魅力恰恰》是一首具有浓烈恰恰风格的完整型排舞；桑巴风格的排舞热情奔放、节奏动感、有很强的感染力，舞步摇曳多变，较多地运用曼波步、杂耍步、桑巴步、三联步、后退步等舞步元素，如《桑巴·恰恰》是一首融桑巴和恰恰风格为一体的完整型排舞；伦巴风格的排舞舞步婀娜款摆、舒展缠绵，较多地运用纺织步、伦巴盒步、扫步、摇摆步、闪亮步等舞步元素，如《一起快乐》是典型的伦巴风格的完整型排舞。

（4）**东方舞风格** 东方舞风格的排舞是一种主要以人体中段（腹部、腰部和臀部）的动作为主，在服饰上暴露出肚皮的排舞。东方舞风格的排舞最明显的特点就是身体语言异常丰富，尤其手部动作更是变幻莫测，再加上身体各部分的配合，其姿势优美绝伦，较多地运用了剪刀步、水手步、弹踢换脚、锁步、踏车步、恰恰步、摇椅步、摇摆步等舞步动作。如《印度制造》《土耳其之吻》都是具有浓烈东方舞风格的间奏型排舞曲目。

（5）**波尔卡风格** 波尔卡风格的排舞是一种二拍子的快速舞曲，该种排舞的特点是一只脚与另一脚按 2/4 拍子飞快交替。波尔卡风格的排舞轻松欢快、自由祥和，较多地运用向前波尔卡步、滑步、踏车步、踵趾步等舞步动作。如《昆力奔驰》是一首完整的具有波尔卡风格的排舞代表曲目，这首轻松欢快的乐曲，仿佛把我们带到了蓝天白云、青山绿水的辽阔草原。

（6）**街舞风格** 街舞风格的排舞是一种由各种走、跑、跳动作组合而成，并结合头、颈、肩、上肢、躯干等关节的屈伸、转动、绕环、摆振、波浪形扭动等连贯组合而成的排舞。街舞风格的排舞音乐节奏强劲，风格自由，舞步迅速多变，较多地运用踢腿、转体、滑步、交叉步、太空步、脚尖点地、手臂和身体波浪等经典街舞动作元素。如《警察说唱》《非我所爱》等都是融入了街舞风格的完整型排舞。

（7）**爵士风格** 爵士风格的排舞是一种集芭蕾舞、现代舞、非洲舞蹈、歌舞厅舞蹈、剧场舞蹈、社交舞和东印度民间舞于一身的排舞。这一风格的排舞，其独特的魅力在于它有着幅度大而简单的舞步。它要求身体延展的同时还要有极强的控制力和爆发力，从而体现舞者的热情与奔放。爵士风格的排舞较多地运用弹簧步、踩脚步、滑步、顶髋、转体、交叉步、摇摆步、踏车步等舞步元素。如《来吧，大家跳起来》是一首具有爵士风格的组合型排舞，《摇摆时钟》是一首具有爵士风格的完整型排舞。

四、排舞运动的特点

自2008年国家体育总局体操运动管理中心将排舞运动作为全民健身项目推广以来，排舞迅速成为中小学课间操、大专院校团体操、机关企事业单位工间操、社区居民广场操等的主要内容。排舞成为当下时尚、休闲、娱乐、有效的健身项目之一。排舞运动能够迅速传播，相比其他的一些健身项目，有其自身的独特价值和个性特点。

（1）**文化传承与文化创新的循环性** 创新是排舞传承的根本动力，是保证排舞不断发展的重要法宝。从最初的方块舞、圆圈舞、宫廷舞到现在的东方舞、爵士舞、街舞，再到现在流行的排舞，充分体现了排舞对舞蹈文化、民族文化、音乐文化、体育文化的传承和创新。今天这样丰富的排舞风格是在多元文化的交融和撞击下形成的，比如，桑巴风格的排舞展现了巴西文化，踢踏风格的排舞展现了爱尔兰民族文化，爵士风格的排舞展现了美国文化，探戈风格的排舞展现了阿根廷文化，藏族风格的排舞展现了藏族文化等。排舞不断创新、不断推进，并特别注重健身与娱乐的交汇，形成了其独有的特色。排舞传承中有创新，创新中不断传承，二者独立而统一，推动排舞协调发展。

（2）**舞蹈元素与音乐风格的融合性** 随着时代的发展，排舞融入了越来越多时尚的舞蹈和音乐元素，在多种舞蹈和音乐元素组合、变化和不断创新之下形成了今天如此丰富多样的排舞曲目。在构成排舞的诸多要素中，舞步和音乐要素是最为重要的。可以说音乐是排舞的灵魂，舞步是音乐的外在表现形式。音乐节奏、旋律、和声与舞步、造型、组合浑然一体，使音乐通过排舞诠释变成了"看"得见的艺术，而排舞通过音乐的表达也变成了"听"得见的艺术。

（3）**舞步规范与自由形式的共存性** 排舞是根据不同的音乐元素来表现不同舞种风格特点的一项健身运动，虽然排舞每首曲目的舞步全世界完全统一，并有固定的名称和节拍数，但对身体及手臂的动作并无统一要求。练习者可以根据个人喜好及对音乐的理解，诠释属于自己的排舞。无论是完整型、组合型、间奏型还是表演型排舞曲目，其舞步组合不断循环，身体动作随韵律不断变化，练习者可以在排舞的规范和自由中，尽情发挥自己的想象，充分展示自己的个性特征和诠释排舞文化内涵。

（4）网络传播途径的充分运用 信息时代，网络在人们生活中的作用越来越重要，已被广泛运用到社会的各个领域。排舞得以全面迅速地发展，很重要的原因是充分运用网络传播平台。全世界的排舞专家和爱好者充分利用网络传播平台，把创编好的曲目通过互联网上传到国际排舞协会的网站进行审批，国际排舞协会通过互联网发布审批通过的曲目，全世界的排舞爱好者又通过互联网学习排舞曲目。依靠网络平台，不断推出新的排舞视频、文字和图片作品，有利于宣传、推广和普及排舞，对排舞的全面发展起着十分积极的推动作用。

排舞根据不同的舞蹈风格、不同的表现方式、不同的表演目的，配合不同的音乐，将音乐和舞蹈融合在一起，给人们呈现出不同的美感和不同的视觉效果，同时排舞帮助人们强身健体，愉悦身心，缓解心情，提高人体的免疫力，加快身体的新陈代谢，减少疾病的困扰，丰富人们的精神生活水平。

第八章

健美操运动

第一节 健美操运动概述

一、健美操运动的概念

健美操是在音乐的伴奏下，以身体练习为基本手段，以有氧运动为基础，达到增进健康、塑造体形和娱乐目的的一项体育运动。

健美操起源于传统的有氧健身运动，是有氧运动的一种。它通常采用徒手或轻器械进行练习，是在氧供应充足的情况下，进行锻炼的一种运动形式，其运动特征是持续一定时间的、中低强度的全身性运动，主要锻炼练习者的心肺功能。健美操运动从促进人体健康的角度来说，具有良好的作用，尤其对于控制体重、改善体形体态、提高协调性和韵律感具有良好的效果。在长期的实践过程中，健美操已从一项单纯的健身运动逐步发展成为一项独立的体育竞赛项目，在运动形式、动作技术特征以及竞赛组织方法等方面有其自身特点。健美操不仅突出动作"健"和"力"的特点，而且更加强调"美"，将人体语言艺术和体育美学融为一体，使健美操成为一个极具观赏性的体育项目。随着现代物质文明的提高，健美操运动在我国已成为人们现代文明生活不可缺少的组成部分。

二、健美操运动的分类

目前，世界健美操种类繁多，分类方法也各不相同，如果以健美操活动的目的和所要解决的主要任务为标准，健美操运动可划分为健身性健美操、竞技性健美操和表演性健美操三大类。

（一）健身性健美操

健身性健美操运动的主要目的是锻炼身体、保持健康。健身性健美操动作简单，实用性强，音乐速度也较慢，动作多有重复，并以对称的形式出现，练习时间可长可短，严格遵循"健康、安全"的原则，防止运动损伤的出现，以达到锻炼身体的目的。

健身性健美操按练习形式可分为徒手健美操、轻器械健美操和特殊场地健美操三大类。

徒手健美操包括传统意义上的一般健美操和为满足不同人群兴趣、需求的各种不同风格的健美操。传统意义上的一般健美操主要是提高心肺功能和人体的有氧代谢能力。不同风格的健美操，如在国内外流行的拳击健美操和搏击操，主要练习目的是增强肌肉力量、弹性与身体的柔韧性，尤其搏击操练习对腰腹有特殊效果；拉丁健美操和街舞，其练习形式多以群体练习为主，动作变化丰富，规律性不强，深受年轻人的喜爱。

轻器械健美操力量练习的主要目的是使练习者保持肌肉外形、增强肌肉力量和防止肌肉退化，从而延缓衰老，使人更强健。如踏板健美操加大了腿部的运动负荷，而哑铃操、橡皮筋操、健身球操等可锻炼全身的肌肉群，有效提高肌肉力量，尤其是上肢力量，弥补了徒手健美操的不足。

特殊场地健美操以其特殊的功效目前在国外发展很快，但在国内开展较少，如水中健美操可以减轻运动中地面对膝关节、踝关节的冲击力，有效减小关节负荷，并利用水的阻力及水传导热能的原理提高练习效果，达到锻炼身体和减肥的目的，因此深受中老年人、康复病人和减肥者的喜爱。

（二）竞技性健美操

竞技性健美操以竞技为目的，有特定的竞赛规则和评分方法，需要完成具有一定难度的动作，对人的身体素质、技术能力和艺术表现力有较高要求，在成套动作中必须展示连续的动作。竞技性健美操是符合竞技规则要求的自编动作的比赛，比赛项目分为男子单人操、女子单人操、混合双人操、三人操和集体六人操（男女性别不限），比赛时长限制在 1 分 40 秒至 1 分 50 秒，六人操时长一般在 2 分 15 秒至 2 分 30 秒。比赛场地为 7 米×7 米（六人操 10 米×10 米），比赛服装为专业健美操服。

（三）表演性健美操

表演性健美操的目的主要是表演，是事先编好的、专门为表演者设计的成套健美操，时间一般为 2～5 分钟。表演性健美操的动作比健身性健美操复杂，音乐节奏可快可慢，为保证一定的表演效果，动作较少重复，也不一定是对称性的，参加的人数可多可少，在成套动作中加入队形变化和集体配合动作。对参与者身体素质要求较高，不仅要具备较好的协调性，还要有一定的表演意识和集体配合意识。

第二节　健美操运动的特点与功能

一、健美操运动的特点

（一）高度的艺术性

健美操是一项追求人体美的运动项目，因此健美操属健美体育范畴，具有高度的艺术性。它动作协调、流畅、有弹性，健美操运动员在比赛中所表现出来的健美的体魄、高超的技术、流畅的编排和充沛的体力等使人们从中得到"美"的享受，提高了人们的审美意识和艺术修养，充分体现出健美操运动"健、力、美"的特征和高度的艺术性。

（二）强烈的节奏性

健美操运动具有强烈的节奏性特点，并结合音乐充分表现出来，因此音乐是健美操运动不可缺少的组成部分。健美操音乐的特点是节奏强有力、旋律优美，具有烘托气氛、激发热情的效应。

健美操运动之所以深受人们的喜爱，除练习本身的功效性、动作的时代感外，很重要的因素是现代音乐给健美操带来了活力。健美操动作与音乐的强烈节奏性使其更具有感染力，使健美操比赛和表演更具有观赏性。

（三）广泛的适应性

健美操运动形式多样，运动量可大可小、容易控制，对场地器材的要求也不高，因此对各个年龄层次、不同性别、不同身体素质、不同技术水平的人都适宜，各种人群都能从健美操运动中找到适合自己的方式，都能从健美操运动中得到乐趣，以达到锻炼身体、娱乐身心、保持健康的目的。

（四）健身的安全性

健美操所设计的运动负荷及运动节奏，都充分考虑了因运动而产生一系列刺激结果的可行性，使之适合一般人的体质，甚至弱体质的人。人们在平坦的地面上，在欢乐的音乐声中，跟随快慢有序的节奏进行运动，安全而且有效。

二、健美操运动的功能

（一）增进健康美

世界卫生组织（WHO）对"健康"提出了一个明确的、全面的定义：健康不仅是免于疾病和衰弱，而且是保持体格方面、精神方面和社会方面的完善状态。但随着经济的发展和社会的进步，现代健康已不仅仅是生理意义上的"健康"，而应兼备健康的心理和行为。

"健康美"是一种积极的健康观念和现代意识，已有研究表明，"健康美"可使机体最有效地发挥其机能。一个有"健康美"的人除了自我感觉良好、可轻松应付日常工作与生活外，还有充沛的精力参加各种社交、娱乐及休闲活动，能自发地处理突发的应急状态。

（二）塑造形体美

"形体"分为姿态和体形。姿态是从我们平时的一举一动表现出来的行为习惯，受后天因素的影响较大。而体形则是我们身体的外形，虽然体育锻炼可适当改善体形外貌，但相对来说遗传因素起着决定性作用。

健美操运动可塑造健美的体形。首先，通过健美操运动尤其是力量练习，可使骨骼粗壮，肌肉范围增大，从而弥补先天的体形缺陷，使人变得匀称健美。其次，练习健美操还可以消除多余的脂肪。人体内消耗是由很多因素造成的，最重要的一点就是新陈代谢的快慢，而健美操的强度不大，并可持续较长时间，能消耗体内多余的脂肪，维持人体吸收与消耗平衡，降低体重，保持健美的体形。

（三）缓解精神压力，娱乐身心

随着时代的发展和社会进步，人们在享受科学技术所带来的舒适生活和各种便利的同时，受到了来自方方面面的精神压力。研究证明，长期的精神压力不仅会引起各种心理疾病，而且许多身体疾病也与精神压力有关，如高血压病等。科学研究表明：体育运动可缓解精神压力，预防各种疾病的产生。健美操作为一项体育运动，以其动作优美、协调、全面，同时有节奏强烈的音乐伴奏而著称，是缓解精神压力的一剂"良方"。在轻松优美的健美操运动中，练习者的注意力从烦恼的事情上转移开，忘掉压抑与失意，尽情享受健美操运动所带来的欢乐，得到内心的安宁，从而缓解精神压力，使人获得更强的活力和更佳心态。

另外，健美操运动增强了人们的社会交往。目前无论国内外，人们参加健美操的主要方式是去健身房，在健美操指导员的带领和指导下集体练习，而参与健美操运动的人从事不同行业。因此，这种形式扩大了人们的社会交往面，把人们从工作和家庭的单一环境中解脱出来，可接触和认识更多的人，眼界也更开阔，从而为生活开辟了另一个天地，大家一起跳舞、一起锻炼，共同欢乐，互相鼓励，有些人因此成为终身朋友。因此，健美操运动不仅能强身健体，同时还具有娱乐功能，可使人在锻炼中得到一种精神享受，满足人们的心理需要。

（四）医疗保健功能

健美操作为一项有氧运动，其特点是强度低，密度大，运动量可大可小，容易控制，因此除对健康的人具有良好的健身效果外，对一些病人、残疾人和老年人而言也是医疗保健的理想手段。如对下肢瘫痪的病人来说，可做地上健美操和水中健美操，以保持上体功能并促进下肢功能的恢复。只要控制好运动范围和运动量,健美操运动就能在预防损伤的基础上,达到保健的目的。

第三节　健美操运动的基本动作

基本动作是健美操运动进行群众性健身锻炼的基础。健美操的基本动作由基本步伐和上肢动作两部分所组成。

一、基本步伐

基本步伐是组成动作组合的最小单位。根据完成形式的不同,所有步伐可分为三类:高冲击力动作、低冲击力动作和无冲击力动作。

(一)低冲击力动作

1. 踏步

一般描述:两腿分别一次抬起,一次落下。

技术要点:在下落时,膝关节、踝关节有弹性地缓冲。

动作变化:踏步转体、踏步分腿与并腿(图8-1)。

图8-1　踏步

2. 走步

一般描述:迈步移动,向前走时,脚跟先落地,过渡到全脚掌;向后走时相反。

技术要点:在落地时,膝关节、踝关节有弹性地缓冲。

动作变化:向前后走步,转体(弧线)走步(图8-2)。

图8-2　走步

3. 一字步

一般描述:向前一步,后脚并前脚,然后向后一步,前脚并后脚。

技术要点：前后均要有并腿过程，两膝始终有弹性地缓冲。

动作变化：向前、向后的一字步，转体的一字步（图8-3）。

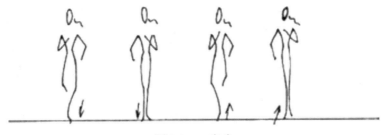

图8-3　一字步

4. V字步

一般描述：一脚向斜前方迈一步，另一脚随之向另一斜前方迈一步，两脚开立，然后再同时退回原位。

技术要点：两脚之间的距离略比肩宽，两腿膝关节、踝关节要有弹动状态，分开后成分腿半蹲，重心在两腿之间。

动作变化：正和倒的V字步，转体的V字步（图8-4）。

图8-4　V字步

5. 漫步

一般描述：一脚向前迈出，重心随之前移，另一脚稍抬起，然后后脚落下，重心后移，前脚随之后撤落地，重心移至后脚。

技术要点：身体重心随动作前后灵活移动，动作要有弹性。

动作变化：转体的漫步，跳起的漫步（图8-5）。

图8-5　漫步

6. 后屈腿

一般描述：一脚站立，另一腿后屈，然后还原。

技术要点：主力腿保持有弹性地屈伸，后屈腿的脚后跟朝向臀部。

动作变化：原地后屈腿，迈步后屈腿，移动后屈腿，转体后屈腿（图8-6）。

图8-6　后屈腿

7. 点地

一般描述：一腿伸出，脚尖或脚跟点地，另一腿伸直或稍屈膝站立。

技术要点：两腿有弹性地屈伸，点地时，身体重心始终在主力腿上。

动作变化：脚尖点地，脚跟点地，迈步点地；向前点地，向后点地；向侧方点地（图8-7）。

图8-7　点地

8. 并步

一般描述：一脚迈出移重心，另一脚随之在主力腿内侧并腿点地，同时屈膝。

技术要点：两膝自然屈伸，并有一定的弹性，身体重心随之移动。

动作变化：左右的并步，前后的并步，转体的并步（图8-8）。

图8-8　并步

9. 交叉步

一般描述：一脚向侧方迈出一步，另一脚在其后交叉，前脚随之再向侧一步，另一脚跟上，脚跟并拢。

技术要点：脚落地的同时屈膝缓冲，身体重心随着脚的迈出而移动。

动作变化：前交叉步，转体交叉步，加小跳的交叉步（图 8-9）。

图 8-9　交叉步

10. 吸腿

一般描述：一腿屈膝上抬，另一腿微屈缓冲。

技术要点：大腿上提，小腿自然下垂，后背挺直，保持主力腿屈膝缓冲。

动作变化：原地吸腿，迈步吸腿，移动吸腿，转体吸腿，吸腿跳，向前吸腿，向侧吸腿等（图 8-10）。

图 8-10　吸腿

11. 摆腿

一般描述：一腿站立，另一腿自然抬起，然后还原成并腿。

技术要点：保持主力腿屈膝缓冲；抬起腿不需要很高，但要有控制；保持上体直立。

动作变化：向前摆腿，侧摆腿，摆腿跳（也可以做成高冲击力动作）（图 8-11）。

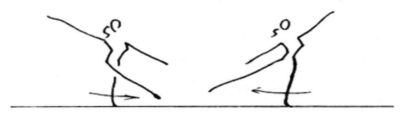

图 8-11　摆腿

12. 踢腿

一般描述：一腿站立，另一腿加速上摆。

技术要点：主力腿轻微屈膝缓冲，脚后跟不要离地；踢腿的高度因人而异，避免造成大腿后部损伤；上体尽量保持直立。

动作变化：原地踢腿，移动踢腿，跳起踢腿，向前踢腿，向侧踢腿（图 8-12）。

图 8-12　踢腿

（二）高冲击力动作

1. 跑

一般描述：两腿依次腾空后，一腿落地缓冲，另一腿后屈或抬膝，两臂前后自然摆动。

技术要点：落地屈膝缓冲，脚后跟要着地。

动作变化：原地跑，向前后跑，弧线跑，转体跑（图 8-13）。

图 8-13　跑

2. 开合跳

一般描述：由并腿跳起，分腿落地，然后再由分腿跳起并腿落地。

技术要点：分腿时两脚自然外开，落地时屈膝缓冲，脚后跟要着地。

动作变化：原地开合跳，转体开合跳（图 8-14）。

3. 并步跳

一般描述：一脚迈出，随之蹬地跳起，后腿并于前腿。

技术要点：脚迈出后，身体重心随之移动，空中有并腿过程。

动作变化：向前、后的并步跳；向侧方的并步跳（图 8-15）。

图 8-14　开合跳

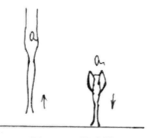

图 8-15　并步跳

4. 弹踢腿跳

一般描述：一脚跳起，另一腿经屈膝伸直。

技术要点：无双腿落地的过程，弹踢腿不用很高，但要有控制。

动作变化：原地弹踢腿跳，移动弹踢腿跳，转体弹踢腿跳，向侧方的弹踢腿跳（图8-16）。

图8-16 弹踢腿跳

（三）无冲击力动作

1. 半蹲

一般描述：两腿左右分开稍大于肩宽，脚尖稍外开，两脚同时屈膝和伸直。

技术要点：屈膝不得超过90度，上体稍前倾，膝关节不应超过脚尖。

动作变化：并步半蹲，迈步半蹲，迈步转体半蹲（图8-17）。

图8-17 半蹲

2. 弓步

一般描述：一种做法是两腿前后站立，左右脚与髋同宽，平行站立，两腿同时屈膝和伸直，常用于力量练习。另一种做法是一腿屈膝，另一腿伸直，常用于有氧练习。

技术要点：身体重心在两腿之间，膝关节、踝关节在一条直线上，前腿膝关节弯曲不能超过90度，其位置也不能超过脚尖。

动作变化：原地前后的弓步，左右的弓步，转体的弓步，跳的弓步（图8-18）。

图8-18 弓步

二、常用上肢动作

（一）常用手形

健美操的手形有多种，是从芭蕾舞、现代舞、迪斯科、武术中吸收和发展的。手形是手臂动作的延伸和表现，运用得好，会使健美操动作更加丰富多彩，生动活泼，更具有感染力。

因此，在健美操中掌握好手形就显得十分重要。下面我们介绍几种常见的手形。

① 并掌形：五指伸直并拢（图 8-19）。

② 分掌形：五指用力伸直，充分张开（图 8-20）。

③ 立掌形：五指伸直，手掌用力上翘（图 8-21）。

④ 屈指掌形：手掌用力上翘，五指自然弯曲（图 8-22）。

图 8-19　并掌形　　　图 8-20　分掌形　　　图 8-21　立掌形　　　图 8-22　屈指掌形

⑤ 拳形：握拳，拇指在外，指间关节弯曲，紧贴于食指和中指（图 8-23）。

⑥ 芭蕾舞手形：中指、无名指、小指并拢，稍内收，拇指内扣（图 8-24）。

⑦ 西班牙舞手形：五指用力，小指、无名指、中指自掌指关节处依次屈曲，拇指稍内扣（图 8-25）。

图 8-23　拳形　　　　图 8-24　芭蕾舞手形　　　图 8-25　西班牙舞手形

（二）上肢动作

① 侧举：臂伸直向体侧抬起。

② 前举：臂伸直向前抬起。

③ 屈臂：前臂与上臂形成一定的角度。

④ 伸臂：臂形成一定的角度后，前臂打开。

⑤ 屈臂摆动：屈臂在体侧自然摆动。可依次或同时进行。

⑥ 上提：由下至上屈臂抬起。

⑦ 下拉：由臂上举拉至肩侧屈。

⑧ 胸推：立掌，屈臂由胸部向前、侧方推成直臂。

⑨ 冲拳：屈臂握拳，由腰间向前用力伸臂。

⑩ 肩上推：立掌，屈臂由肩部向上推成直臂。

⑪ 绕和绕环：直臂运动幅度在 180 度以上 360 度以内为绕，直臂运动幅度在 360 度以上为绕环。

⑫ 摆动：直臂运动幅度在 180 度以内。

⑬ 交叉：两臂重叠成一定角度。

第四节　健美操基本技术

一、弹动技术

健美操的弹动技术是最重要的基本技术之一，是健美操最基本的特征，是用于区别其他运动项目的重要因素。健美操的弹动主要依靠踝关节、膝关节、髋关节的屈伸缓冲而产生，从而减少运动对人体造成的损伤。值得注意的是，在屈伸的过程中，腿部的肌肉要协调用力才能有效防止损伤并使动作流畅。

在练习缓冲动作时，可以先从练习踝关节的屈伸动作开始，练习方法为：双腿原地站立伸直，身体正直，立踵、落踵。之后，再做膝关节与踝关节的弹动练习，练习方法为：双腿原地站立伸直，身体正直，屈膝半蹲，膝关节不要超出脚尖，同时髋关节稍屈。当掌握这两部分动作后，可以把两部分动作连起来，使之形成完整的弹动动作。在做弹动动作的时候，参与运动的肌群在整个运动过程中要有控制，使动作变得流畅。

二、身体控制技术

（一）身体姿态的控制

健美操的身体姿态是根据现代人的人体与行为美的标准而建立的。首先，通常人体在整个运动中非特殊条件下，应该保持自然挺拔，头部稍稍昂起，颈椎、胸椎、腰椎保持正常生理曲线，不仅美观，而且具有保护作用。四肢的位置根据具体的动作要求，应该在准确的位置上，避免"过伸"，尽可能平直，弯曲时有明确的角度，四肢的位置是相对躯干的位置而建立的。

（二）操化动作的控制

操化动作的控制是指操化动作的肌肉发力与控制。健美操的每个操化动作要求应该是有清楚的开始与结束。动作开始时位置准确，过程中肌肉用力使动作加速，但不要用力过猛致使肌肉僵硬，结束时有明显的停顿。肌肉收缩不要求完全强制收缩，肌肉的用力要做到自然流畅、有力而不僵硬，松弛而不松懈。

三、半蹲技术

芭蕾舞的半蹲是臀部直接向下，对股四头肌和膝关节、踝关节压力大。但在健美操中半蹲要求上肢稍前倾，臀部向后 45 度，膝盖与脚尖应是一个方向，不能内扣，脚尖自然外开，小八字。所有的蹲，臀部向后不能超过 90 度，膝盖不能超过脚尖，否则会使膝关节压力特别大，易造成损伤。

四、落地技术

落地缓冲的主要目的是使身体尽可能地保持稳定，同时减少地面对关节、肌肉的冲击力，以免造成运动损伤。健身健美操的落地技术是一种滚动技术，即落地时，由脚跟过渡到全脚掌或由前脚掌过渡到全脚掌，然后迅速屈膝、屈髋缓冲。所有动作在瞬间一次完成，使身体尽可能地保持稳定，用以分解地面对人体的冲击力，以免造成运动损伤。同时躯干与手保持良好姿态，肌肉用力控制以保持动作的正确与稳定。若脚后跟总不着地，易造成小腿疲劳，且不美观。

第五节　健美操运动编排的基本方法

健美操运动动作的编排是有规律的，表现为以 32 拍为单位，即 4 个 8 拍为一组，这与音乐结构是完全相同的。

一、基本动作的节拍

现举例如下。

1 个踏步＝1 拍=1×8 拍可做 8 次。

1 个侧并步＝2 拍=1×8 拍可做 4 次。

1 个侧交叉步＝4 拍=1×8 拍可做 2 次。

1 个一字步＝4 拍=1×8 拍可做 2 次。

1 个吸腿＝2 拍=1×8 拍可做 4 次。

1 个开合跳＝2 拍=1×8 拍可做 4 次。

要求无论动作如何组合都要保持 32 拍动作的完整性。如 2 次侧交叉步、8 次踏步、4 次吸腿为 32 拍。

二、组合动作（32 拍）的组合方式

32 拍的动作可能有两种组合方式，即 8 拍完整的和 8 拍交叉的。组合动作见表 8-1。

2 个动作：如 A＝踏步、B＝V 字步。

表 8-1　组合动作

AA　BB	AA　BB	AB　AB　AB　AB
8 个踏步	8 踏步	4 踏步+1 个 V 字步
8 踏步	2 个 V 字步	4 踏步+1 个 V 字步
2 个 V 字步	8 踏步	4 踏步+1 个 V 字步
2 个 V 字步	2 个 V 字步	4 踏步+1 个 V 字步

三、编排的变化因素

1. 方向变化

健美操运动有丰富的方向变化。例如：最简单的正面、后面、侧面（左侧和右侧）；对角

线中有左前对角线、右前对角线、左后对角线、右后对角线；还有顺时针（包括 90 度、180 度、270 度、360 度转）、逆时针（90 度、180 度、270 度、360 度转）。

2. 节奏变化

这一变化因素与音乐的节拍及动作快慢变化有关。常见的是一个动作由半拍或二倍节奏来完成。例如：跑步一般一拍一动，也可以改变节律放慢动作，变二拍一动，也可以加快动作变成一拍二动。现在流行的街舞、拉丁舞，这些特殊舞蹈动作的节奏变化更为明显，有些甚至一拍三动。

3. 动作重复次数的变化

这里是指重复单侧身体动作以后才换到反方向。重复次数常有一次、二次、三次、四次甚至六次，例如：一个 16 拍的动作组合，左腿后屈腿一次（二拍）+右腿后屈腿二次（四拍）+左腿后屈腿三次（六拍）+左腿一个 V 字步（四拍），然后换成反方向动作，这时的后屈腿就有一次、二次、三次的变化，对培养节奏感非常有意义。

4. 动作移动的变化

常用的有：向前移动、向后移动、向侧方移动、原地和旋转。复杂的动作移动路线有："Z""L""□""◇""W"形等。

5. 动作杠杆的变化

这里涉及手臂和腿长度的变化。手臂长度的改变由大幅度的侧平举改成小幅度的侧平举。腿长度的改变可以由提膝改成直腿踢腿。当然，动作杠杆长度增加也就增加了动作幅度，相应地增加了练习强度。

6. 单、双侧动作的变化

单侧动作指一次只练习一侧上肢和腿部动作，双侧动作指一次同时练习双侧上肢和腿部动作。举例：单、双侧混合的上肢动作有左手臂屈肱二头肌两次，右手臂屈肱二头肌两次，然后双臂同时屈肱二头肌两次；同样类型的腿部动作可以是左腿提膝两次，右腿提膝两次，然后四次点跳。

7. 动作模式的改变

这里涉及冲击力步伐的难度水平，既可以是无冲击力步伐或低冲击力步伐，也可以是高冲击力步伐。运用不同冲击力的步伐可改变难度水平和练习强度，如把低冲击力步伐迈步前点步改成高冲击力步伐的小马跳，运动强度就上升了。

8. 动作平面的改变

这里涉及上肢和腿部运动时所属的运动平面。常用的有水平面、额状面、矢状面，如前点地、侧点地、后摆腿的运动面都不同。

参考文献

[1] 弗洛伦斯·彼得森·肯德尔. 肌肉测试与功能——姿势与疼痛. 5版. 北京：北京科学技术出版社，2019.

[2] 李丹阳，李春雷，王雄. ACSM体能训练概论. 北京：人民卫生出版社，2019.

[3] 虞重干. 排球运动教程. 北京：人民体育出版社，2009.

[4] 朱建国. 羽毛球运动教学与训练教程. 2版. 北京：清华大学出版社，2019.

[5] 恒圣（北京）体育文化发展有限公司. 德国足球教学课程. 北京：北京体育大学出版社，2017.

[6] 贾志强，贺金梅. 篮球基本技术课堂. 北京：北京体育大学出版社，2015.

[7] 冯俊祥. 高校篮球运动教学训练管理研究. 北京：中国书籍出版社，2016.

[8] 张晓威. 定向越野. 北京：机械工业出版社，2019.

[9] 赵晓玲. 排舞教程. 重庆：重庆大学出版社，2017.

[10] 张蕊. 新编健美操教程. 北京：人民体育出版社，2019.